Klassische
Gemüseküche

ANNABELLE FAGNER/
TILMANN SCHEMPP

KLASSISCHE GEMÜSEKÜCHE

von Annemarie Weihnachten 15

Jan Thorbecke Verlag

VERLAGSGRUPPE PATMOS

PATMOS
ESCHBACH
GRÜNEWALD
THORBECKE
SCHWABEN

Die Verlagsgruppe
mit Sinn für das Leben

Für die Schwabenverlag AG ist Nachhaltigkeit ein wichtiger
Maßstab ihres Handelns. Wir achten daher auf den Einsatz
umweltschonender Ressourcen und Materialien. Dieses Buch
wurde auf FSC®-zertifiziertem Papier gedruckt. FSC (Forest
Stewardship Council®) ist eine nicht staatliche, gemeinnützige
Organisation, die sich für eine ökologische und sozial verant-
wortliche Nutzung der Wälder unserer Erde einsetzt.

Bibliografische Information der Deutschen Nationalbibliothek
Die Deutsche Nationalbibliothek verzeichnet diese Publikation in
der Deutschen Nationalbibliografie; detaillierte bibliografische
Daten sind im Internet über http://dnb.d-nb.de abrufbar.

Gestaltung: Finken & Bumiller, Stuttgart, Chandima Soysa
Druck: Firmengruppe APPL, Wemding
Hergestellt in Deutschland
ISBN 978-3-7995-0718-9

INHALT

VORWORT

Gemüse ist ein Augenschmaus. Das Spektrum der Farbenpracht gleicht der Palette eines Malers: weißer Spargel, rote Tomaten, orangefarbene Karotten, gelbe Paprika, das Grün von Gurken und Zucchini, rotblaues Blaukraut sowie das intensive Violett der Aubergine sind nur eine kleine Auswahl der prächtigen Farbenskala.

Gemüse ist ein Dufterlebnis. Kein Lebensmittel ist so vielfältig in der Fülle seiner herrlichen Duftvariationen. Der erdige Geruch einer Roten Bete, der frische Duft von Fenchel und Sellerie und das Aroma, das eine vollreife Tomate verströmt, lassen einem das Wasser im Mund zusammenlaufen.

Gemüse ist ein Gaumenfest. Ob als knackige Rohkost direkt aus dem Garten oder vom Feld genossen, schonend gegart oder gebraten – unzählige Geschmacksnuancen schmeicheln dem Gaumen.

Jede Jahreszeit hat ihr Gemüse. Frühling-, Sommer-, Herbst- und Wintergemüse versorgen uns Menschen mit allem, was uns gut tut, rund ums Jahr. Am besten schmecken die Gemüse in ihrer Saison, frisch vom Markt oder aus dem Garten.

In der Gemüseküche werden alle unsere Sinne angesprochen. Begleiten Sie uns in die schier unerschöpfliche Welt der Gemüsesorten und genießen Sie mit uns die Vielfalt des Angebots. Schneiden, schnippeln, raspeln, hobeln oder würfeln Sie das Gemüse und entdecken Sie die unterschiedlichsten Möglichkeiten der Zubereitung und des Genusses.

Annabelle Fagner
und
Tilmann Schempp

RUND UM DAS GEMÜSE

GEMÜSE – DIE HAUPTGRUNDLAGE UNSERER ERNÄHRUNG

PFLANZEN SIND DIE VORAUSSETZUNG für alles Leben auf diesem Planeten. Nur sie können durch die Fotosynthese Sauerstoff produzieren und die Kraft der Sonne in organische Energie verwandeln. Seit Beginn der Menschheitsgeschichte bilden Pflanzen die wesentliche Grundlage der Ernährung. Bereits in der Jungsteinzeit legte man den Gräbern Gemüse, Samen und Früchte bei, damit die Verstorbenen auch im Jenseits Nahrung hätten.

Anhand der Selleriepflanze lässt sich die Entwicklungsgeschichte und der Stellenwert von Gemüse exemplarisch aufzeigen. So fand man in altägyptischen Gräbern Sellerieblätter, die wohl als Wegzehrung und Schmuck für das Jenseits dienen sollten. Im alten Griechenland wurde der Sellerie hoch verehrt. Bei den Sportwettkämpfen in der Stadt Nemea wurden die Sieger nicht mit Lorbeer-, sondern mit Selleriekraut bekränzt. Auch in der griechischen Mythologie fand der Sellerie Einzug. Der uralte Glaube an die potenzsteigernde Wirkung (der volkstümliche Name des Selleries ist Gailwurz) steht im Zusammenhang mit der Selleriewiese der Nymphe Kalypso. Der Legende nach soll es der verführerischen und schönen Nymphe besonderes Vergnügen bereitet haben, liebestolle Männer dank der Kraft des Selleries in Schweine zu verwandeln. Im alten Rom mied man hingegen den Sellerie, da er Sterben und Tod symbolisierte. Man glaubte, vor dem Reich der Toten liege eine große Selleriewiese. Geht man weiter ins frühe Mittelalter, so begegnet man auch dort dem Sellerie. In der Heilkunde Hildegards von Bingen stößt man beispielsweise auf diese Pflanze. Die Heilerin kochte die Pflanze mit Wein und empfahl den Sud zur allgemeinen Stärkung, während warme Sellerieumschläge bei Bauchfellrissen angewandt werden sollten. Auch im späten Mittelalter verabreichten Hebammen nachweislich Selleriesamen. Damit erhofften die Hebammen, nachgeburtliche Blutungen stillen zu können. Bis in unsere Zeit hinein wird die entwässernde Wirkung dieses Gemüses geschätzt.

Ähnlich wie der Sellerie blicken fast alle unsere Gemüse auf eine lange Geschichte zurück.

Im Laufe der Zeit lernten wir Menschen in einem sicherlich nicht immer komplikationslosen Prozess, die essbaren Pflanzen zu kultivieren. Ehrfurcht und Dankbarkeit sowie die Erkenntnis, dass sowohl der Mensch als auch die Tiere von den Pflanzen abhängig sind, führten dazu, dass sie bereits in den Sagen und Mythen der ersten Menschen einen festen Platz einnahmen. Bei allen Völkern dieser Erde gibt es Märchen und Geschichten rund um essbare und giftige Pflanzen.

HIPPOSELINVM

Groß Epffich.

e 2

PISVM
Groß Erbß.

Gemüse in Sagen und Märchen

IN UNSERER REICHEN MÄRCHEN- UND SAGENWELT begegnen uns die unterschiedlichsten Gemüsesorten. In Hans Christian Andersens Märchen von der »Prinzessin auf der Erbse«, bei den »Heinzelmännchen von Köln« von August Kopisch und auch bei »Aschenputtel« von den Gebrüdern Grimm sind es Erbsen oder Linsen, die von besonderer Bedeutung sind. So unscheinbar sie auch auf den ersten Blick sein mögen, beeinflussen sie doch die Handlung der Märchen auf entscheidende Weise.

Bei der »Prinzessin auf der Erbse« ist es die List der Schwiegermutter, die mithilfe einer Erbse unter den sieben Matratzen die potenzielle Braut ihres Sohnes prüft. Erst die Jungfrau, die von der harten Erbse nächtens um den Schlaf gebracht wird und übersät mit blauen Flecken erwacht, wird aufgrund ihrer Feinfühligkeit als wahre Prinzessin anerkannt.

Die neugierige Frau des Schneiders hingegen ersann die List, Erbsen auszustreuen, auf denen dann die Heinzelmännchen, als sie des Nachts die Unordnung der Menschen beseitigen wollten, übereinander purzelten und so entdeckt wurden.

»Aschenputtel« verdankt es den Tauben – »die Guten ins Töpfchen, die Schlechten ins Kröpfchen…« –, dass es die schier nicht zu bewältigende Arbeit noch erledigen konnte und so den Ball doch noch besuchen durfte. Hier machen die Linsen so viel Arbeit, dass das arme Aschenputtel nicht weiß, wie es das Sortieren bewerkstelligen soll. Das Auslesen war notwendig, da die Hülsenfrüchte von unterschiedlicher Qualität waren.

Der Mutter von Rapunzel gelingt es im gleichnamigen Märchen nicht, während ihrer Schwangerschaft ihre Gelüste nach dem Wildgemüse Rapunzel zu zügeln. Auch der Vater vermag seiner Frau keinen Einhalt zu bieten und geht in den Garten der Nachbarin, einer bösen Hexe, um Rapunzel zu stehlen.

Im Märchen stehen Pflanzen und Gemüse häufig für Entwicklung und Wachstum. Sie symbolisieren damit zugleich das Bedürfnis nach geistigem Wachstum. Der Geist will sich entwickeln, wachsen und Früchte tragen, und dafür benötigt er die fremde Erfahrungswelt. Bei »König Drosselbart« und »Zwerg Nase« sind es Kohlgemüse, die ein Symbol des inneren Wachstums darstellen.

Anders verhält es sich in dem von den Gebrüdern Grimm aufgezeichneten Märchen »Strohhalm, Kohle und Bohne«. Hier wird das Aussehen eines Gemüses mittels eines Märchens erklärt. Die Bohne, die sich mit Stroh und Kohle auf Wanderschaft befindet, platzt vor Lachen und wird von einem mitleidigen Schneider kunstvoll mit Zwirn wieder zusammengenäht, weshalb die Bohnen bis heute eine unsichtbare Naht haben.

Dies ist nur ein kleiner Ausschnitt aus unserer Märchen- und Sagenwelt, in der Gemüse eine wichtige Rolle spielen. Auch in anderen Kulturkreisen, bei den nord- und südamerikanischen Indianern oder in der afrikanischen Mythologie sowie in den Überlieferungen der Aborigines ranken sich viele Geschichten um Pflanzen und Gemüse.

Gemüse in der bildenden Kunst

BEREITS AUS VORCHRISTLICHER ZEIT sind Amulette oder Felszeichnungen erhalten, die Früchte und Gemüse darstellen. Man dankte damit vermutlich den Gottheiten der Vegetation. Die Ernte sicherte das Überleben und spielte daher eine wichtige Rolle für die Gemeinschaft. Im Laufe der kulturgeschichtlichen Entwicklung verfeinerte sich die Form der Darstellungen. Pflanzen, darunter auch Gemüse, hatten einen festen Platz in Porträts oder religiösen Darstellungen. Wurzelgemüse war zum Beispiel ein Symbol für gespeicherte Energie und »Mutter Erde«; Gemüse, das oberirdisch wächst, galt als Symbol für gebündelte Lichtenergie und »Vater Himmel«. Bis in unsere Zeit setzen sich Künstler mit dem Thema Natur und Pflanzen auseinander.

Einer der berühmtesten Pflanzenmaler ist sicherlich Giuseppe Arcimboldo (um 1526–1593). Arcimboldo war ein in Italien geborener Künstler, der sich in zahlreichen Genres versuchte und es überall zu einer gewissen Meisterschaft brachte. Seine künstlerischen Anfänge lagen in Mailand, später arbeitete er über 25 Jahre als Hofmaler von Maximilian II. und Rudolf II. von Habsburg. Er war Musiker, Naturwissenschaftler und Konstrukteur – bis heute aber ist er berühmt für seine Malerei. Fast jeder kennt seine außergewöhnlichen Porträts aus Gemüse, Blumen, Früchten und Blättern. In der Zeit zwischen Renaissance und Barock zählt Arcimboldo zu einem der wichtigsten Wegbereiter des Manierismus. Seine Zeitgenossen waren verblüfft über seine Originalität und Modernität. Scheinbar mühelos gelang es ihm, mittels Gemüse, Früchten und Blumen die charakteristischen Eigenheiten der von ihm Porträtierten herauszustellen. Zu seinen berühmtesten Werken zählen die »teste composte«, die zusammengesetzten Köpfe. Vor allem sein »Vertumnus«, ein Porträt Kaiser Rudolfs II., wurde sowohl vom Auftraggeber als auch von den Zeitgenossen hoch geschätzt. Es zeigt den Herrscher als Brustbild in der Gestalt des antiken Gottes Vertumnus, der bei den Römern der Gott der Metamorphose und der Vegetation war. Das Gemälde zeigt

Gemüse, Blumen und Früchte aller vier Jahreszeiten. Unter anderem sind Zucchini, Artischocken, Kohl, Lauch, Rettich, Salate, Kürbis und Erbsen so arrangiert, dass die charakteristischen Gesichtszüge des Kaisers dargestellt werden und ihn gleichzeitig als Herrscher über die Jahreszeiten erscheinen lassen. Es ist nicht nur ein humoristisches Bild von Rudolf II., sondern zugleich auch eine Huldigung des Auftraggebers.

Ein weiteres dem Gemüse gewidmetes Bild Arcimboldos ist das originelle »Umkehrbild« des Gemüsegärtners. Dieses Gemälde stellt eine dunkelgrüne, mit verschiedenen Gemüsesorten prall gefüllte Schüssel dar. Dreht man das Bild um 180 Grad, wird aus dem Gemüsetopf eine Kopfbedeckung, und aus den verschiedenen Gemüsesorten entsteht das Gesicht eines grobschlächtigen, pausbäckig erscheinenden Gemüsegärtners.

Arcimboldo spielte mit den Elementen der Natur. So gelang es ihm, den Strom des Lebens, Verschiedenheit und Chaos auszudrücken. Er gilt als der Meister des Grotesken, des Traums, des Humors und der Metamorphose. Er gehörte zu den großen Künstlern einer rein weltlichen Kunst.

Obwohl Arcimboldo nicht der erste Künstler war, dessen Bildsprache einzelne Gegenstände zusammensetzte, prägte seine Art zu malen die europäische Malerei. Der Stil etlicher Nachahmer im 16. und 17. Jahrhundert wurde als »arcimboldesk« bezeichnet. Während seiner Lebenszeit wurde Arcimboldo hoch geehrt. Nach seinem Tod geriet er recht schnell in Vergessenheit. Erst zu Beginn des 20. Jahrhunderts wurde er wiederentdeckt und zum Vorbild von Surrealisten wie Salvador Dalí oder Max Ernst.

Auch im 21. Jahrhundert bleibt das Thema »Kunst und Gemüse« aktuell. Die »Eat Art«, begründet von Daniel Spoerri in den 60er Jahren des letzten Jahrhunderts, lockt bis heute Besucher ins Museum. Zu den Vertretern der heutigen »Eat Art« gehört Carl Warner. Seine Fotokollagen zeigen täuschend echte Landschaften z.B. aus Brokkoli, Petersilie und Sellerie.

DIE GROSSE VIELFALT DER GEMÜSE-SORTEN

EIN GANG ÜBER DEN WOCHENMARKT lässt uns in der einzigartigen Vielfalt der verschiedenen Gemüsesorten schwelgen. Noch nie war das Angebot an Gemüse so umfangreich und vielfältig wie heutzutage. Beim Einkaufen sollte man sich vor allem auf regionale und saisonale Produkte konzentrieren. Kurze Transportwege sind umweltfreundlich und das bevorzugte Essen von saisonalem Gemüse garantiert dessen Frische. Medizinische Studien belegen, dass sich der Verzehr von saisonalem Gemüse positiv auf den Stoffwechsel auswirkt und das Immunsystem besonders stärkt und unterstützt.

Essbare Pflanzenteile bestimmter wild wachsender oder in Kulturen gezogener Pflanzenteile werden als Gemüse bezeichnet. Die meist ein- oder zweijährigen krautigen Pflanzen werden aus botanischer Sicht in neun Nutzungsgruppen aufgeteilt: Zwiebelgemüse, Kohlgemüse, Wurzelgemüse, Blattgemüse, Hülsengemüse, Fruchtgemüse, Sprossengemüse, Blütengemüse und Gewürzgemüse.

Kleine Gemüsekunde

ARTISCHOCKE

Die Artischocke gehört zu den Blütengemüsen. Verzehrt werden die ungeöffneten Blütenstände des Korbblütlers. Die Artischocke enthält Natrium, Kalium, Vitamin B1 und Vitamin C. Besondere Heilkräfte werden der Artischocke bei Leber-, Gallen- und Magenbeschwerden zugeschrieben. Artischocken lassen sich sowohl roh als auch gekocht verzehren. Der Geschmack der Artischocke variiert zwischen zartbitter und feinherb.

AUBERGINE

Die Aubergine ist ein Fruchtgemüse. Die Frucht dieses Nachtschattengewächses ist ein typischer Bestandteil der Mittelmeerküche. Sie wird bei uns auch Eierfrucht oder Melanzane genannt. Die Aubergine ist ein Sommergemüse und wird von Mai bis Oktober geerntet. Sie gilt als »Fleisch des armen Mannes« und enthält wichtige Mineralstoffe wie Kalzium und Eisen sowie Vitamine der B-Gruppe und Vitamin C. Wer den etwas bitteren Geschmack von Auberginen mildern möchte, kann die in Scheiben geschnittene Aubergine leicht einsalzen.

BOHNEN

Die große Gruppe der Bohnen zählt man zu den Hülsengemüsen. Verwendet werden sowohl die Samen als auch die Hülsen. Von Juni bis September findet die Ernte der Bohnen statt. Sie müssen unbedingt vor dem Verzehr gekocht werden, da sie das giftige Phasin enthalten, welches durch Kochen zerstört wird. Mit ihrem Anteil an Ballaststoffen und ihrer ausgeglichenen Nährstoffbilanz sind sie ein überaus gesundes Gemüse.

BROKKOLI

Brokkoli rechnet man sowohl zur Gruppe der Kohlgemüse als auch der der Blütengemüse, da die Blütenstände der essbare Anteil der Pflanze sind. Er enthält Ballaststoffe, Kalium, Kalzium, Magnesium, die Vitamine A, K, B2, B6, Folsäure, Pantothensäure und Vitamin C. Dieses Wintergemüse wird von November bis März geerntet. Brokkoli kann roh oder gekocht verzehrt werden. Wegen seiner kurzen Garzeit wird das vielseitige Gemüse immer beliebter, denn es lässt sich in unzähligen Variationen verarbeiten.

CHICORÉE

Chicorée gehört zur Familie der Korbblütler und ist ein typisches Wintergemüse, das von November bis März Hochsaison hat. Das Zichoriengewächs erhält seine typischen hellen Blätter durch Lichtmangel. Er ist besonders reich an Ballaststoffen, Bitterstoffen, Magnesium, Vitamin A und Folsäure. Das bittere Aroma des Chicorées verleiht Gerichten sowohl in rohem als auch in gekochtem Zustand eine besondere Note. Das Gemüse ist darüber hinaus wegen seiner Bitterstoffe außerordentlich gesund.

ERBSEN

Die Erbsen zählen zur großen Gruppe der Hülsenfrüchte. Ursprünglich stammt der Schmetterlingsblütler aus Kleinasien. Für den Verzehr eignen sich sowohl die junge Schote als auch die Erbsensamen. Erbsen sind besonders proteinhaltig, enthalten viele Ballaststoffe sowie Kalium, Magnesium und Eisen. Die Haupterntezeit liegt zwischen Juni und August. Erbsen gehören zu den wenigen Gemüsen, die tiefgekühlt das ganze Jahr über in bester Qualität verfügbar sind, da sie beim Einfrieren kaum etwas von ihrem Aroma einbüßen. Neue Forschungsergebnisse konnten nachweisen, dass Erbsen eine den Cholesterinspiegel senkende Wirkung haben. Man kann sie zwar auch roh in kleinen Mengen essen, sie werden jedoch besser gekocht verzehrt.

FENCHEL

Der Fenchel gehört zu den Gewürzgemüsen. Der Doldenblütler wird auch Fenchelknolle oder Gemüsefenchel genannt. Man isst den verdickten Stiel der Pflanze, der aus fleischig gerippten Blättern besteht. Typisch ist der herrliche Geschmack nach Anis. Von Oktober bis April wird Fenchel geerntet. Die Knolle ist reich an Ballaststoffen und Vitamin A und C. Die verdauungsfördernde Wirkung durch das enthaltene ätherische Öl macht den Fenchel seit jeher zu einem wichtigen Heilmittel gegen Koliken und Blähungen. Sowohl als Rohkost als auch z.B. geschmort findet der Fenchel immer mehr Liebhaber.

GURKE

Die Gurke, ein kriechendes Rankengewächs, rechnet man zu den Fruchtgemüsen. Es wird die Frucht, die man als Panzerbeere bezeichnet, verzehrt. Das Ursprungsland der Gurke ist Indien, und sie ist eigentlich ein Sommergemüse. Seit etlichen Jahren werden Gurken wegen der großen Nachfrage aber rund ums Jahr aus Treibhauskulturen angeboten. Die Gurke ist besonders reich an Ballaststoffen und wegen ihrer entwässernden Wirkung hochgeschätzt. Sie schmeckt roh als Salat, aber auch als gedünstetes Gemüse.

KARTOFFEL

Die Kartoffel ist ein Knollengemüse und gehört zu den Nachtschattengewächsen. Essbar ist ausschließlich die Knolle der sogenannten Erdäpfel oder Grombiren. Geerntet wird sie ab Juni bis in den Oktober hinein. Wegen ihres hohen Anteils an Kohlenhydraten, Ballaststoffen, Kalium und Magnesium ist die Kartoffel nach dem Reis das meistangebaute Nahrungsmittel. Kartoffeln dürfen niemals roh verzehrt werden, da sie toxisches Solanin enthalten. Weltweit gibt es mehr als 5000 verschiedene Kartoffelsorten. Die erste Kartoffel wurde in Deutschland in einem Apothekergarten im Jahre 1587 gepflanzt. Heute ist das Volksnahrungsmittel aus unserem Speiseplan nicht mehr wegzudenken.

KOHL

Zur großen Familie der Kohlgemüse rechnet man u. a. Kohlrabi, Rosenkohl, Blumenkohl, Grünkohl, Weißkohl, Rotkohl und Wirsing. Die Kohlgewächse gehören zur Familie der Kreuzblütler. Es werden nur die oberirdisch wachsenden Pflanzenteile gegessen. Alle diese Kohlarten können sowohl roh als auch, wegen der besseren Verdaulichkeit, gekocht gegessen werden. Kohl ist generell blähungstreibend und wird

deshalb gerne zusammen mit Kümmel zubereitet.

Kohlrabi: Es gibt Kohlrabi mit hellgrüner und dunkelvioletter Schale, die aber beide sowohl vom Geschmack als auch von den Inhaltsstoffen her nahezu identisch sind. Der Kohlrabi enthält als Hauptwirkstoffe Vitamin C und Ballaststoffe. Er wird von Mai bis Oktober geerntet.

Rosenkohl: Der Rosenkohl ist besonders reich an Vitamin C, Eisen, Folsäure, Kalium und Kalzium. Seine Hauptsaison ist von September bis Dezember. Die kleinen Röschen, die nach dem ersten Frost geerntet werden sollten, werden wegen ihres feinen Aromas besonders von Feinschmeckern geschätzt.

Blumenkohl: Auch der Blumenkohl enthält Vitamin C sowie Pantothensäure, Folsäure, Vitamin B6, Vitamin K, Kalium und Ballaststoffe. Er wird von Juni bis November geerntet. Beim Garen gibt man einen Schuss Zitronensaft oder Milch bei, damit die Röschen ihre schöne weiße Farbe behalten.

Grünkohl: Der Grünkohl ist von allen Kohlarten der Wildform der Kohlpflanze am ähnlichsten. Geerntet wird er nach dem ersten Frost, da er dann weniger Bitterstoffe enthält. Seine Hauptinhaltsstoffe sind Ballaststoffe, Folsäure und Vitamin C.

Weißkohl: Weißkohl wird auch Kraut oder Kappes genannt. Die Hauptsaison ist von August bis November. Wegen seiner guten Lagerfähigkeit kann er jedoch bis in den März angeboten werden. Weißkohl ist besonders reich an Ballaststoffen, Magnesium und den Vitaminen K und C. Sauerkraut, das eingesalzene, milchsauer vergorene Weißkraut, gilt als besonders entgiftend und blutreinigend. Es wurde, um Mangelerscheinungen im Winter vorzubeugen, schon im antiken Griechenland verzehrt, und auch die Seefahrer führten Sauerkraut in Fässern mit sich, um die Krankheit Skorbut zu verhindern.

Rotkohl: Auch der Rotkohl, mancherorts Blaukraut genannt, ist ein typisches Wintergemüse. Seine beeindruckende Färbung hängt vom Boden ab, auf dem er gedeiht. Er färbt sich erst durch den wasserlöslichen Farbstoff Anthocyanblau. Die Farbe ändert sich je nach pH-Wert des Bodens. Er weist eine hohe Konzentration an Eisen und Senfölen sowie vielen Ballaststoffen auf. Rotkohl gilt als entzündungshemmend, ist ein Radikalfänger und stärkt das Immunsystem.

Wirsing: Der Wirsing wird auch Welschkohl oder Welschkraut genannt. Die Erntezeit ist von August bis Januar. Je dunkler die Wirsingblätter gefärbt sind, desto intensiver ist der Geschmack. Deshalb sollte man auf jeden Fall vor allem die äußeren Blätter verzehren. In ihnen ist auch die höchste Konzentration an Ballaststoffen, Kalium, Folsäure und Vitamin C enthalten. Der Wirsing stammt aus dem Mittelmeerraum, daher auch der französische Name »chou de milan«.

KÜRBIS

Der üppig rankende Kürbis gehört zur Gruppe der Fruchtgewächse. Die Arten-, Formen- und Farbenvielfalt der großen Familie der Kürbisgewächse ist beeindruckend. Ursprünglich in Nord- und Südamerika beheimatet, diente die getrocknete Frucht den Indianern als Vitaminspender. Sommerkürbisse haben meist eine weiche, essbare Schale, während die Winterkürbisse hartschalig sind. Dieses vielseitige Gartengemüse ist sehr ballaststoffreich, enthält Vitamin C, Kalium und Vitamin A. Man isst die Frucht, die

Blüten und auch die Kerne, denen eine besonders vorbeugende Wirkung gegen Blasen- und Prostatabeschwerden zugeschrieben wird.

LAUCH

Der Lauch zählt zur Gruppe der Zwiebelgemüse. Das Gemüse wird in Norddeutschland Porree genannt. Man unterscheidet Sommerlauch, der von Mai bis August geerntet wird, und Winterlauch, der sich lagern lässt und von September bis April geerntet wird. Der Sommerlauch ist viel zarter und milder als der herbe Winterlauch. Lauch ist besonders reich an Ballaststoffen, Kalzium, den Vitaminen C, E, B6 und Folsäure sowie Zink. Da der Lauch besonders gut auf Sandböden wächst, ist es wichtig, ihn stets gründlich zu waschen. Lauch kann Pilze im Darm hemmen und wirkt bei Gicht vorbeugend.

MÖHRE ODER KAROTTE

Dieses Wurzelgemüse, das zu den Doldengewächsen zählt, hat eine Vielzahl verschiedener Namen: Mohrrübe, gelbe Rübe, Rübeli oder gelbe Wurzel. Es gibt Frühlings-, Sommer- und Herbstrüben, die sich durch die unterschiedliche Länge ihrer Wurzel unterscheiden. Die unterirdisch wachsenden Möhren sind besonders reich an Ballaststoffen, Kalium und Vitamin A, das für Haut- und Schleimhäute, aber besonders für die Sehkraft wichtig ist. Zwar kann man auch das Blattwerk essen, doch es ist geschmacklich wenig überzeugend. Die Karotte gilt als verdauungsfördernd, immunstärkend und antioxidativ. Karotten stehen seit jeher auf dem Speiseplan unserer Vorfahren. Dies beweisen Samenfunde aus der Stein- und Bronzezeit (4000–850 v. Chr.) in den Pfahlbauten in Unteruhldingen am Bodensee.

PAPRIKA

Die roten, gelben und grünen Paprikaschoten zählt man zu den Fruchtgemüsen. Wie die Chili und die kleinen, länglichen Peperoni gehören sie zur Familie der Nachtschattengewächse. Paprika werden von Juli bis November geerntet. Man isst nur die Frucht, die besonders reich an Ballaststoffen, Vitamin A, B6 und C sowie ätherischen Ölen ist. Die Schärfe verdankt die Paprika dem Alkaloid Capsaicin, das besonders in den Kernen enthalten ist. Paprikas gelten als kreislaufanregend sowie schmerzstillend und stärken das Immunsystem. Der Name kommt aus dem Ungarischen, ursprünglich stammt sie aber aus Süd- und Mittelamerika.

ROTE BETE

Rote Bete gehört zur Gruppe der Wurzelgemüse. Botanisch gehört die Rote Bete zu den Gänsefußgewächsen. Sie ist eine Verwandte des Mangolds. Rote Bete ist ein klassisches Wintergemüse. Man isst die Knolle, kann aber auch die kleinen, feinen Blätter als Salat verwenden. Die Hauptinhaltsstoffe sind Vitamin B, Kalium, Eisen und Folsäure. Rote Bete enthält Oxalsäure, weshalb Menschen mit Neigung zu Nierensteinen das Gemüse eher meiden sollten. Die rote Farbe entsteht durch die hohe Konzentration des Glykosids Betanin. Früher wurde die Rote Bete wegen ihrer intensiven Farbe auch als Färberpflanze verwendet. Beim Genuss von Roter Bete färben sich Urin und Stuhl rot. Man spricht dem Gemüse blutbildende, säureregulierende und den Leberstoffwechsel anregende Wirkung zu.

SCHWARZWURZEL

Die Schwarzwurzel gehört zur Familie der Korbblütler und zur Gruppe der Wurzelgemüse. Zum Verzehr eignet sich nur die Wurzel. Es macht etwas Arbeit, die Wurzeln zu putzen und zu schälen, aber der Geschmack lohnt alle Mühe. Nicht umsonst heißt die Schwarzwurzel im Volksmund auch »Spargel des kleinen Mannes«. Ihr Geschmack ist mild und leicht süßlich. Sie soll immunstärkende, harntreibende und hustenstillende Wirkung haben. Die Hauptinhaltsstoffe sind Kalium, Kalzium, Phosphor, Natrium, das Provitamin A und die Vitamine B1, E und C. Ab Oktober bis in den Winter hinein wird das Wurzelgemüse geerntet. Lange Zeit war die wild wachsende Schwarzwurzel nur als Heilpflanze bekannt.

SELLERIE

Man unterscheidet bei den Selleriepflanzen zwischen Knollensellerie (Wurzelgemüse) und Staudensellerie (Blattgemüse). Sellerie wird von Oktober bis März geerntet und ist besonders reich an Ballaststoffen, Kalium, Kalzium, Vitamin E und B6. Beide Formen des Selleries sind sowohl roh als auch gekocht ein Genuss. Auch die Samen des Doldenblütlers sind essbar. Besonders sein ätherisches Öl hat eine entschlackende Wirkung und soll gegen Gicht und Rheuma helfen.

SPARGEL

Der Spargel ist ein Liliengewächs. Schon im alten China, in Ägypten, Griechenland und Rom wurde die

Heilpflanze vielfältig eingesetzt. Es lässt sich leichter aufzählen, was der Spargel nicht kann, als wofür er eingesetzt wurde. »Bis Johanni nicht vergessen: sieben Wochen Spargel essen.« Dieses Sprichwort verweist auf die Erntezeit von Mitte April bis Ende Juni. Spargel ist eine wahre Vitaminbombe: Er enthält Vitamin A, B6 und B12, C, E, Folsäure sowie Kalium. Er wirkt harntreibend und blutreinigend. Der Spargelanbau ist sehr aufwendig. Von der Aussaat bis zur ersten Ernte vergehen vier Jahre; deshalb ist der Spargel bis heute ein eher kostspieliges Gemüse.

SPINAT UND MANGOLD
Spinat und Mangold gehören zur Gruppe der Blattgemüse. Botanisch zählt man sie zu den Gänsefußgewächsen. Ursprünglich kommt das Gemüse aus den kargen Steppen Zentralasiens. Es wächst besonders gerne auf salzigen, alkalischen Böden. Winterspinat wird von März bis April geerntet. Seine derben Blätter sind äußerst intensiv im Geschmack. Sommer- und Herbstspinat hat viel zartere Blätter, die sich auch für die Zubereitung von Salaten eignen. Die Erntezeit des Mangolds liegt zwischen Juni und August. Spinat- und Mangoldblätter können roh und gekocht verzehrt werden. Die hervorstechenden Inhaltsstoffe sind Kalium, Kalzium, Magnesium, Vitamin A und Vitamin C. Allerdings enthalten Spinat und Mangold auch relativ viel Oxalsäure, die als Kalziumräuber gilt. Deshalb gibt man Spinat und Mangoldrezepten immer Sahne oder Käse bei, um die Oxalsäure auszugleichen. Auch sollte man Spinat und Mangold nicht aufwärmen, da sich sonst das enthaltene Nitrat in schädliches Nitrit umwandelt.

TOMATE
Die Tomate gehört zur Gruppe der Fruchtgemüse und ist ein Nachtschattengewächs. Sie ist neben der Kartoffel das weltweit am häufigsten angebaute Gemüse. Ihre Formenvielfalt ist sehr groß: Es gibt z.B. Fleisch-, Birnen-, Eier-, Flaschen-, Kirsch- und Cocktailtomaten. Auch ihre Farbenpracht variiert: Weiß, Gelb, Orange, Rot, Rosaviolett, Grün, Braun und Schwarz sind möglich. Es gibt sogar Züchtungen von gestreiften und marmorierten Tomaten. Die Tomate wurde als Liebes- oder Goldapfel bezeichnet, in Österreich heißt sie immer noch Paradeiser. Ursprünglich wurde die Tomate vollreif in den heißen Sommermonaten geerntet, inzwischen steht sie das ganze Jahr über zur Verfügung. Bevor sie die Reise zu uns antrat, war sie in Mittel- und Südamerika beheimatet. Zum ersten Mal soll sie von den Maya kultiviert worden sein. Zu den Inhaltsstoffen der Tomate zählen Kalium, Magnesium, Vitamin A, C, K und Folsäure sowie Ballaststoffe. Bei Gicht, Rheuma, Herz und Nierenerkrankungen werden ihr heilende Wirkungen nachgesagt. Die Tomate enthält je nach Sorte bis zu 95 Prozent Wasser. Im Durchschnitt verzehrt der Mitteleuropäer 22 Kilogramm Tomaten pro Jahr.

TOPINAMBUR
Die Topinambur, auch Erdbirne, Erdartischocke, Jerusalemer Artischocke oder Rossapfel genannt, gehört zu der Gruppe der Knollengemüse. Botanisch betrachtet ist sie ein Korbblütler und eine direkte Verwandte der Sonnenblume, die auch gelb blüht. Geerntet wird die Knolle von November bis März,

bevor die Pflanze wieder neu austreibt. Die Topinamburpflanze stammt ursprünglich aus Nordamerika und wird meist wie Kartoffeln verarbeitet. Sie lässt sich aber im Vergleich zur Kartoffel aufgrund ihrer knorrigen Form etwas mühsamer schälen. Gekocht oder gedämpft hat sie einen milden, süßlichen Geschmack, der an eine Mischung aus Kartoffeln und Artischockenböden erinnert, daher stammt auch der umgangssprachliche Name Erdartischocke. Topinambur wird nach Jahren, in der man die Knolle fast ganz vergessen hat, zunehmend neu entdeckt und gerade von Biobauern wieder ins Sortiment aufgenommen. Vom gesundheitsfördernden Aspekt aus betrachtet, ist sie der Kartoffel überlegen, da sie besonders viel Eisen enthält. Auch Kalium, Kalzium, Vitamin B1, B2, Vitamin C und Niacin sowie Kieselsäure sind Hauptinhaltsstoffe. Topinambur enthält keine Stärke, sondern Inulin, was sie besonders für die Diabetikerernährung interessant werden lässt, da Inulin die Bauchspeicheldrüse anregt, mehr Insulin zu produzieren. Außerdem hat die Topinamburwurzel die Fähigkeit, die Darmflora positiv zu beeinflussen.

ZUCCHINI

Die Zucchini gehört zu den Fruchtgemüsen. Man verzehrt die längliche Frucht, aber auch die Blüte lässt sich, in Fett oder Teig ausgebacken, zu einer köstlichen Vorspeise verarbeiten. Die Kerne im Fruchtfleisch können mitgegessen werden. Je kleiner die Zucchini ist, desto schmackhafter ist dieses beliebte Gemüse. Zucchini gibt es in grüner, gelber, oranger, weißer und schwarzer Farbe. Aus Italien kommend, hat die Zuc-

chini ihren Siegeszug in ganz Europa angetreten. Die Zucchini ist besonders ballaststoffreich, vitaminreich (Vitamin A und C), kalorienarm und gut verdaulich. Außerdem enthält sie Kalium, Kalzium, Phosphor, Natrium und Eisen. Die Hauptsaison ist von Juni bis Oktober. Die anspruchslose Pflanze gedeiht nahezu überall.

ZWIEBEL

Die Zwiebel ist eine Pflanzenart aus der Gattung Lauch. Ihre Familie hat viele Mitglieder, z.B. die Frühlings-, Lauch-, Perl-, Silber-, Gemüse- oder Küchenzwiebel und die feine Schalotte. Zwiebeln werden heutzutage ganzjährig angeboten. Die Hauptsaison der Frühlingszwiebel ist von April bis Juni. Gemüsezwiebeln gibt es dagegen von Juni bis November. Die Zwiebel stammt ursprünglich aus den Steppengebieten des west- und mittelasiatischen Raums. Sie ist weltweit eines der wichtigsten Würzmittel. Zwiebeln sind reich an Vitamin C, Kalium, Kalzium, Magnesium und Ballaststoffen. Die schwefelhaltigen ätherischen Öle führen dazu, dass man beim Zwiebelschneiden weinen muss, weil diese die Schleimhäute reizen. Die Zwiebel ist eine kleine Apotheke. Das Zwiebelsäckchen gegen Ohrenschmerzen, der Zwiebelsaft bei Bronchitis oder aufgelegte Zwiebelringe bei Insektenstichen sind nur eine kleine Aufzählung ihrer Verwendungsmöglichkeiten. Die Zwiebel ist wahrscheinlich die älteste Kulturpflanze der Menschheit überhaupt.

Vom richtigen Umgang mit Gemüse

BEIM KAUF VON GEMÜSE sollte man sich eher auf die Nase verlassen als nach oberflächlichen Schönheitskriterien und einem vermeintlich guten Aussehen zu urteilen. Oft genug lässt eine spezielle Beleuchtung in der Gemüse- und Obstabteilung der Supermärkte das Produkt in einem »besonderen« Licht erscheinen. Manchmal sollten einen gerade ein makelloses Aussehen und eine auffallende Größe vorsichtig werden lassen. Überdüngung, Gewächshauskulturen und Hydrokulturen sind oft genug der Grund, warum das Gemüse so perfekt aussieht. Gerade Tomaten, Gurken und auch verschiedene Salate werden immer öfter in sogenannten Hydrokulturen herangezüchtet; dies ist ein Anbauverfahren ohne Erde, bei dem die Wurzeln der Pflanzen in einer Nährstofflösung stehen. Das Resultat ist ein optisch scheinbar perfektes Gemüse, das aber geschmacklich mit einem Freilandgemüse nicht zu vergleichen ist. Es lohnt sich also bereits beim Einkauf auf das Aroma und den Duft zu achten. Nicht jedes Gemüse in EU-Norm kann mit einem natürlich erzeugten Gemüse konkurrieren. Die Frische des Produkts ist gegenüber der absoluten Makellosigkeit für den Koch immer ein Vorteil.

Gemüse wird in folgende Qualitätsnormen eingeteilt:
• Klasse Extra: keine Fehler in Form und Farbe, Qualität hervorragend
• Klasse I: teilweise kleine Fehler, aber gute Qualität
• Klasse II: kleine Fehler in Form und Farbe, marktfähige Qualität
• Klasse III: wird auf dem Markt nicht mehr angeboten.

Gemüse sollte immer knackige, frische und feste Blätter sowie eine leuchtende Farbe aufweisen. Auch das Gemüsekraut, also die Blätter, z. B. an Karotten, dürfen nicht welk sein. Alle Staudengewächse müssen biegsam sein, Knollengemüse darf an den Schnittenden nicht ausgetrocknet sein. Wenn braune Flecken, Verletzungen oder sogar verfaulte oder schimmelnde Stellen sichtbar sind, sollte man seinen Speiseplan lieber umstellen und auf andere Gemüse zurückgreifen.

Eine weitere Grundregel ist, dass man Gemüse am besten sofort nach dem Einkauf zubereitet. Wenn man Wintergemüse trotzdem lagern möchte, eignet sich am besten ein kühler Kellerraum mit einer relativ hohen Luftfeuchtigkeit und einer Raumtemperatur unter 15 °C. Man sollte unbedingt eventuelles Blattkraut abschneiden, damit sich die Pflanzensäfte nicht in den Blättern sammeln können. Außerdem sollte man das Lagergut nicht abwaschen und nur vorsichtig eventuell anhaftende Erde entfernen. Bei längerer Lagerung empfiehlt es sich, das Gemüse ab und zu umzulagern, damit keine Druckstellen entstehen.

Gurken, Tomaten, Blattgemüse und alle anderen druckempfindlichen, weichen Gemüsesorten sollte man in den unteren Gemüsefächern des Kühlschranks aufbewahren. Sie sollten eventuell aus ihrer luftdichten Verpackung »befreit« werden, damit sich vorhandene Bakterien nicht so schnell vermehren können. Außerdem sollte man Gemüse niemals feucht oder frisch gewaschen im Kühlschrank lagern, da durch die Feuchtigkeit der Fäulnisprozess beschleunigt wird. Man sollte die verschiedenen Gemüsesorten möglichst einzeln lagern, da sich die entströmenden Gase teilweise schädigend aufeinander auswirken können. So faulen Kartoffeln z.B. schneller, wenn sie direkt neben Zwiebeln aufbewahrt werden. Auch Obst und Gemüse sollten nicht nebeneinander liegen. Besonders Äpfel, die das Gas Ethylen ausströmen, bewirken, dass Blumenkohl, Brokkoli, Rosenkohl und andere Gemüsearten schneller verderben.

Gemüse sollte wie alle anderen Nahrungsprodukte am besten in Bioqualität gekauft werden. Wer regelmäßig einen Wochenmarkt besucht, erkennt schnell, wo frische Qualität angeboten wird. Wer sich bei seinem Speiseplan an das Angebot der Jahreszeiten hält und vorrangig regionale Gemüse verwendet, ist auf der sicheren Seite und wird durch geschmacklich überzeugende, hervorragende Produkte belohnt.

DIE REZEPTE

VORSPEISEN

Gefüllte Tomate mit Ei

Zutaten für 4 Personen:
4 Fleischtomaten / Salz / Pfeffer / Thymian oder Petersilie / 20–30 g Butter / 4 Eier

1. Den Deckel der Tomaten abschneiden und mit einem Löffel das Fleisch und die Kerne herausschälen. Die Tomaten kräftig salzen und pfeffern und mit einigen Thymianblättchen oder fein gehackter Petersilie und einem Butterflöckchen füllen.
2. Die Eier aufschlagen und vorsichtig in die Tomaten geben. Die gefüllten Tomaten in eine gefettete Form setzen und mit dem Tomatendeckel verschließen. Im vorgeheizten Backofen 15 – 20 Minuten bei 220 °C garen.

Tipp: Das überschüssige Tomatenfleisch für eine Sauce oder Suppe verwenden.

Hokkaidospalten

Zutaten für 4–6 Personen:
1 Hokkaidokürbis (1,2-1,4 kg) / 2–4 Schalotten / 100 ml Olivenöl / 2–3 Knoblauchzehen / 2–3 Orangen (unbehandelt) / ½ TL Senf / Salz / Pfeffer / 2 Zweige Thymian / 2 Zweige Rosmarin / 4 EL Kürbiskerne

1. Den Kürbis halbieren und mit einem Löffel die Kerne und die weichen Fasern herauskratzen. Nun wird der Kürbis mit einem scharfen Messer in 2–3 Zentimeter breite Spalten geschnitten.
2. Die Schalotten fein hacken und in Olivenöl glasig dünsten. Die Knoblauchzehen ebenfalls fein schneiden und zu den Schalotten geben. Mit dem Saft der Orangen und dem Senf ablöschen und etwas Orangenabrieb oder Zesten dazugeben.
3. Die Kürbisspalten nebeneinander in eine feuerfeste Form legen und die Olivenöl-Schalotten-Orangen-Mischung darüber verteilen. Kräftig salzen und pfeffern und die Thymian- und Rosmarinzweige dazulegen.
4. Im auf 200 °C vorgeheizten Ofen 20–30 Minuten garen. Währenddessen die Kürbiskerne ohne Fett kurz in einer Pfanne anrösten und zur Seite stellen.
5. Die Hokkaidospalten heiß oder lauwarm servieren und die Kürbiskerne darüberstreuen.

a.Solanum scandens folio variegato,   buntes Hindsch Kraut.
b.Solanum pomiferum seu Mala insana fructu rotundo,Magenne, Toll Apffel.

Crudités mit Aioli und Kräuter-Vinaigrette

Zutaten für 6 Personen:
Aioli 4 Knoblauchzehen / 2 Eigelb / Salz / 2 Msp. Cayenne-pfeffer / 1 EL Olivenöl / 5 EL Distelöl / 3 EL Zitronensaft / 2 EL Schmant

1. Für die Aioli die zerdrückten Knoblauchzehen mit den Eigelben verrühren, mit Salz und Cayennepfeffer abschmecken. Das Oliven- und das Distelöl nach und nach in dünnem Strahl unterrühren.
2. Sobald die Sauce dickflüssig wird, den Zitronensaft und den Schmant dazugeben.

Kräuter-Vinaigrette 1 Schalotte / 3 EL Rinderfond aus dem Glas (alternativ Gemüsebrühe) / 2 EL Weinessig / 1 Prise Zucker / Salz / Weißer Pfeffer aus der Mühle / 8 EL Olivenöl / 1 EL gewiegte Schnittlauchröllchen / 1 EL gehackte Petersilie

1. Für die Vinaigrette die Schalotte schälen und sehr klein würfeln. Mit dem Fond, dem Essig und dem Zucker verrühren und mit Salz und Pfeffer würzen.
2. Das Öl mit einem Schneebesen darunterschlagen.
3. Die Vinaigrette mindestens 15 Minuten ziehen las-sen, dann die Schnittlauchröllchen und die gehackte Petersilie dazugeben.

Vorschläge zum Dippen junge Karotten / Staudensellerie / Chicorée / rote, gelbe und grüne Paprikaschoten / Zuckerschoten (zwei Minuten in leicht gesalzenem Wasser kochen) / Champignons / neue Kartoffeln (in der Schale gekocht) / gekochter Blumenkohl / gekochter Brokkoli / Radieschen / Cocktailtomaten / gekochte Eier

Gebratene Artischocken

Zutaten für 4 Personen:
4 kleine Artischocken / 2 Schalotten / 60 g Butter / 250 ml Gemüsebrühe / 250 ml trockener Weißwein / Salz / Pfeffer / 1 Zweig frischer Thymian / ½ Bd. Petersilie

1. Die äußeren harten Blätter der Artischocke abzup-fen, dann die Blattspitzen mit einem scharfen Messer abschneiden. Die Artischocken längs halbieren und das Heu mit einem Löffel herausschaben.
2. Die fein gehackten Schalotten in Butter andünsten, und die Artischocken mit der Schnittfläche nach unten anbraten. Mit der Gemüsebrühe und dem Wein ablö-schen und zugedeckt 15 Minuten sanft köcheln lassen.
3. Die Artischocken umdrehen, salzen und pfeffern sowie einen Zweig Thymian in den Sud legen und die Artischocken für weitere 15 Minuten zugedeckt köcheln lassen. Die Artischocken sind gar, wenn sich ihre Blätter gut vom Strunk lösen lassen. Vor dem Servieren mit gehackter Petersilie bestreuen.

Tipp: Hierzu reicht man Baguette, damit nichts von der köstlichen Sauce verloren geht.

Mediterranes Tomatenciabatta

Zutaten für 4 Personen:
8 Scheiben Ciabattabrot / 2 EL weiche Butter / 4 Knoblauchzehen / 2 EL Basilikumblätter / 4 große, reife Tomaten / 1 EL Tomatenmark / 8 entsteinte schwarze Oliven / Salz / Pfeffer / 1 EL Olivenöl / 2 TL Balsamico / 1 TL flüssiger Honig / 100 g Mozzarella, in Scheiben

1. Die Ciabattascheiben toasten oder im Backofen kurz anrösten.
2. Währenddessen die Butter mit den zerdrückten Knoblauchzehen und einem Esslöffel gehackte Basilikumblätter verrühren und die Brotscheiben damit bestreichen. Die restlichen Basilikumblätter zum Garnieren aufheben.
3. Die Tomaten am unteren Ende kreuzförmig einritzen, mit kochendem Wasser überbrühen und anschließend schälen, wenn sich die Haut leicht lösen lässt. Das Tomatenfleisch in kleine Würfel schneiden und mit dem Tomatenmark und den halbierten Oliven vermischen. Mit Salz und Pfeffer würzen und die Tomatenmasse auf den Ciabattascheiben gleichmäßig verteilen.
4. Das Olivenöl, den Balsamico und den Honig mischen, auf den Ciabattabroten verteilen und je eine Mozzarellascheibe pro Brothälfte auflegen.
5. Die Ciabattas nochmals für einige Minuten bei 150 °C in den Ofen schieben, bis der Mozarella geschmolzen ist.
6. Mit den restlichen Basilikumblättern garnieren.

Tipp: Dazu passt ein kaltes Glas Prosecco.

Zucchinischeiben mit Parmesankäse

Zutaten für 4 Personen:
800 g Zucchini / 3 Schalotten / 2 EL gutes Olivenöl / Salz / Pfeffer / ca. 50 g Parmesankäse

1. Die Zucchini waschen, den Stiel- und Blütenansatz abschneiden und die Zucchini in nicht zu dünne Scheiben schneiden.
2. Die Schalotten schälen und klein schneiden. Das Olivenöl in einer Pfanne erhitzen, die Schalotten darin glasig anbraten, dann die Zucchinischeiben hinzugeben und diese so lange auf beiden Seiten anbraten, bis sie goldgelb sind.
3. Mit Salz und Pfeffer abschmecken und auf einer Platte arrangieren. Den Parmesankäse frisch darüberhobeln und warm servieren.

Sizilianische Caponata

Zutaten für 4–6 Personen:
500 g Auberginen / 60-80 ml Olivenöl / 1 Zwiebel / 200 g Staudensellerie / 1 Knoblauchzehe / 2 TL Zucker / 2 Dosen geschälte Tomaten (400 g) / Salz / Pfeffer / 3 EL Kapern / 50 ml Rotweinessig / 25 g Pinienkerne

1. Die Auberginen in mundgerechte Stücke schneiden und in einem großen Topf mit Olivenöl anbraten. Die gewürfelte Zwiebel und den Staudensellerie sowie die fein gehackte Knoblauchzehe kurz mitbraten.
2. Das angebratene Gemüse mit Zucker bestreuen und die Tomaten dazugeben. Salzen und pfeffern und 20–30 Minuten leicht köcheln lassen.
3. Nun gibt man die Kapern und den Rotweinessig dazu und lässt alles noch einmal für ca. 5 Minuten sanft köcheln.
4. Währenddessen röstet man die Pinienkerne in einer Pfanne ohne Fett. Vorsicht: Sie können leicht anbrennen. Dann werden die gerösteten Pinienkerne über das heiße Gemüse verteilt.

Tipp: Die Caponata schmeckt kalt, lauwarm oder heiß, als Vorspeise oder als Beilage zu Fleisch oder Fisch.

Fenchel-Carpaccio

Zutaten für 4 Personen:
2–3 Fenchelknollen / 1 Zitrone (unbehandelt) / Salz / Pfeffer / ca. 50 g Parmesan / ca. 50 ml Olivenöl

1. Die Fenchelknollen waschen, putzen und die grünen Blätter zur Dekoration beiseite legen. Die Fenchelknolle in hauchdünne Scheiben hobeln (z.B. mit einem Gurkenhobel) und auf einer großen Platte anrichten.
2. Mit dem Saft einer Zitrone marinieren und mit Zitronenzesten oder Zitronenabrieb bestreuen. Salzen, pfeffern und den grob zerkleinerten Parmesan darübergeben. Mit feinstem Olivenöl übergießen und mit dem Grün der Fenchelknolle dekorieren.

a. Foeniculum commune,
Fenovie, Fenchel.
b. Foeniculum dulce majus, Fenouille.
doux, Bologneser-Fenchel
c. Foenum Burgundiense, Luserne, Sichel-Klee
d. Foenum Græcum, Fenugrec, Bockshorn-Kraut.

s.

SALATE

Rotkohlsalat

Zutaten für 4 Personen:
½ Rotkohl (ca. 500 g) / Salz / 150 g Joghurt / 100 ml Sahne / 1 Zitrone / 1 TL Honig / Pfeffer / 1 Prise Nelkenpulver / 2 EL Erdnussmus

1. Von dem halben Rotkohl die äußeren, harten Blätter entfernen. Nun in der Mitte durchschneiden und den weißen Strunk herausschneiden. Den Rotkohl in sehr dünne Streifen schneiden oder fein hobeln. Mit etwas Salz durchkneten, damit die Blätterstreifen weich werden, aber nicht zu viel Salz verwenden.
2. Den Joghurt mit der Sahne verrühren. Den Saft einer halben Zitrone dazugeben und den Honig einrühren. Mit Pfeffer und dem Nelkenpulver würzen. Zum Schluss das Erdnussmus unterheben und die Nuss-Sahnesauce gut mit den Rotkohlblättern vermischen. Den restlichen Zitronensaft auf den Rohkostsalat träufeln.

Tipp: Dieser Rohkostsalat passt hervorragend zu Enten- oder Gänsebraten.

Gemüse-Couscous

Zutaten für 4–6 Personen:
2 Tassen Couscous / 3 Tomaten / 1 Gartengurke / 2 Paprika / ½–1 Peperoni / 3–4 EL Olivenöl / Saft einer Zitrone / ¼ TL Kreuzkümmel / ¼ TL Kurkuma / Pfeffer / Salz / 1 Bund frische Minze / ½ Bund Petersilie

1. Couscous nach Packungsangabe zubereiten und abkühlen lassen.
2. Die Tomaten entkernen und in feine Würfel schneiden. Die Gurke schälen, mit einem Löffel die Kerne herauskratzen und das Fruchtfleisch fein würfeln. Die Haut der Paprika mit einem Sparschäler so gut es geht entfernen und die Paprika ebenfalls sehr fein würfeln. Die Peperoni fein schneiden.
3. Aus Olivenöl, Zitronensaft, Kreuzkümmel, Kurkuma, Pfeffer und Salz eine Emulsion rühren.
4. Die fein geschnittenen Gemüse mit dem ausgekühlten Couscous vermengen und das Dressing darübergeben. Die frische Minze und die Petersilie sehr klein schneiden und mit dem Couscous vermengen. Den Salat vor dem Servieren mindestens eine Stunde ziehen lassen.

Tipp: Dieser Couscous-Salat ist eine erfrischende Mahlzeit an heißen Sommertagen.

Erfrischender Radicchio-Rucola-Minze-Sommersalat

Tunesischer Karottensalat

200 g Radicchio / 200 g Rucolablätter / 1 Hand voll frische Minzblätter / 1 EL flüssiger Honig / 2 Knoblauchzehen / 4 EL Balsamico / 4 EL gutes Olivenöl / Salz / Pfeffer / 1 Hand voll Borretschblüten

1. Die Radicchio-, Rucola- und Minzblätter waschen, trocknen und in dünne Streifen schneiden.
2. Den Honig mit den zerdrückten Knoblauchzehen vermischen. Den Essig und das Öl dazugeben und mit Salz und Pfeffer abschmecken. Die Marinade eine Viertelstunde durchziehen lassen.
3. Die Marinade über die Salatblätter geben und alles gut durchmischen.
4. Den Salat auf vier Teller verteilen und mit den blauen Borretschblüten garnieren. Der frische Gurkengeschmack der Borretschblüten rundet den Salat perfekt ab.

Tipp: Dazu passt leicht gebuttertes Toastbrot.

6 mittelgroße Karotten / 4 Knoblauchzehen / Salz / 1 Schalotte / 4 EL gutes Olivenöl / 1 TL gemahlener Kümmel / 2 TL flüssiger Honig / 1 Zitrone / Pfeffer / 50 ml Orangensaft / 1 Orange

1. Die abgebürsteten, ungeschälten Karotten 5 Minuten zusammen mit den ganzen Knoblauchzehen in gesalzenem Wasser köcheln lassen. Das Wasser abgießen und die Knoblauchzehen entfernen.
2. Die Karotten in Scheiben schneiden. Nun die Schalotte schälen und grob hacken. Zusammen mit den Karotten in eine Salatschüssel geben.
3. Das Olivenöl mit dem Kümmel, dem Honig und dem Zitronensaft verrühren. Mit Salz und Pfeffer würzen.
4. Die Marinade über die Karotten geben, den Salat gut vermischen und mindestens 2 Stunden zugedeckt an einem kühlen Ort durchziehen lassen.
5. Kurz vor dem Servieren den Orangensaft dazugeben und den Salat mit Orangenschnitzen verzieren.

Tipp: Dazu passen Couscousgerichte.

Löwenzahn-Chicorée-Salat mit Gänseblümchen-blüten

Zutaten für 4 Personen:
100 g junge Löwenzahnblätter / 2 Chicorée / 2 EL Estragon-essig / 1 TL Dijonsenf (oder ein anderer scharfer Senf) / 3 EL Distelöl / weißer Pfeffer / Salz / 60 g gehackte Wal-nusskerne / 1 Hand voll gewaschener Gänseblümchen-blüten

1. Die Löwenzahn- und Chicoréeblätter gut waschen, mundgerecht zerkleinern und trockenschleudern.
2. Aus dem Essig, dem Senf und dem Öl eine Marinade herstellen und diese mit Salz und Pfeffer würzen.
3. Den Salat mit der Marinade anmachen, zum Schluss mit den gehackten Walnusskernen und den Gänseblümchenblüten garnieren.

Grüner Gemüse-Salat

Zutaten für 4 Personen:
Gemüse 2 Zucchini / ½ Gartengurke / 1 grüne Paprika / 4 Stangen Staudensellerie / 200 g Zuckerschoten / 1 Bund Frühlingszwiebeln

Die Zucchini und die Gurke in dünne Scheiben schneiden. Die Paprika und den Staudensellerie klein würfeln. Die Zuckerschoten für 2 Minuten in kochendem Salzwasser blanchieren, dann in dünne Streifen schneiden. Die Frühlingszwiebeln in Röllchen schneiden. Alle Zutaten auf Teller oder in eine große Schüssel geben.

Dressing 1 reife Avocado / Saft von 2 Limetten / 50 g Cashew-Kerne / 1 TL Currypulver / 6 EL Kokosmilch / Salz / Pfeffer / 1 Prise Zucker / 1 Bund Koriander

1. Die Avocado vom Kern lösen und mit einer Gabel zerdrücken. Den Limettensaft dazugeben.
2. Die Cashew-Kerne grob hacken und mit dem Curry-pulver sowie der Kokosmilch zu einem Dressing ver-rühren. Mit Salz, Pfeffer und einer Prise Zucker ab-schmecken.
3. Das Dressing zusammen mit den Koriander-blättchen über den Salat verteilen.

a. Tanacetum crispum, Tanaise, Wurmkraut. b. Tana =
pidii seu Mentha corymbifera vel Costus hortensis, Fraien-Miint.
c. Taraxacon seu Dens Leonis, Dent de Lion, Pfaffenröhrlein.
d. Taraxacon minus foliis tenuioribus, Piffenlit, Löwenzahn.

cetum foliis Le =

SUPPEN

Sellerie-Dinkel-Suppe

Zutaten für 4 Personen:
100 g Dinkelkörner / 500 g Knollensellerie / 1 TL frischer Ingwer / 1 TL Honig / Chilipulver / 1 l Sojamilch / 1–2 Zwiebeln / 2 TL Ghee oder Butterschmalz / 1 TL Amchur (Mangopulver) / Salz

1. Die Dinkelkörner in lauwarmem Wasser 1–2 Stunden einweichen. Anschließend werden die Dinkelkörner 20–30 Minuten weich gekocht.
2. Den Sellerie schälen und in grobe Würfel schneiden und in der mit Ingwer, Honig und Chilipulver gewürzten Sojamilch ca. 20 Minuten köcheln lassen.
3. Währenddessen die geschälten Zwiebeln in dünne Ringe schneiden und in Ghee goldgelb anrösten.
4. Nun werden die weich gekochten Dinkelkörner zur Soja-Sellerie-Milch gegeben und alles zusammen wird mit dem Mixer fein püriert. Die Suppe wird mit Amchurpulver und Salz abgeschmeckt und die gerösteten Zwiebeln werden darübergegeben.

Erbsensuppe

Zutaten für 4 Personen:
40 g Butter / 1 Schalotte oder kleine Zwiebel / ½ l Gemüsebrühe / 250 g frische Erbsen (TK) / 200 ml Sahne / Zitronensaft / Pfeffer / Salz / je ½ Bund Zitronenmelisse und Petersilie

1. Die Butter zergehen lassen und die klein gewürfelte Schalotte oder Zwiebel kurz anschwitzen. Mit der Gemüsebrühe aufgießen und die Erbsen darin für 15–20 Minuten zusammen mit der süßen Sahne köcheln lassen.
2. Mit einem Pürierstab alles vermixen und durch ein feines Haarsieb seihen. Mit Zitronensaft, Salz und Pfeffer würzen und fein gehackte Zitronenmelisse und Petersilie darüberstreuen.

Feine Gemüse-Fischsuppe

Zutaten für 4–6 Personen:
Für die Gemüsebrühe 2 Zwiebeln / 4 Knoblauchzehen / 2 Karotten / 1 Lauch / ½ Sellerieknolle / 2 Fenchel / 2 Tomaten / 2 Lorbeerblätter / 1 Zweig Tymian / 2 Zweige Rosmarin / 1 Bund Petersilie / ¼ l Weißwein / Salz / Pfeffer

Die Gemüse waschen, putzen und in grobe Stücke schneiden. Alle Zutaten in einen großen Topf mit ca. 4 l Wasser füllen und 1 ½ Stunden köcheln lassen. Die Brühe durch ein feines Sieb gießen, wieder aufkochen und auf ca. 2–2,5 l Flüssigkeit reduzieren.

Für die Gemüse-Fischeinlage 1 Fenchel / 1 Zucchini / 4 Stängel Staudensellerie / 3 EL Olivenöl / ½ g Safranfäden / ⅛ l Wermut / 1 kg verschiedene Fischfilets (Steinbeißer, Kabeljau, Schellfisch oder Rotbarsch) / 250 g Garnelen / Salz / Pfeffer

1. Fenchel und Zucchini in dünne Scheiben schneiden, den Staudensellerie fein würfeln und in Olivenöl leicht anschwitzen. Mit der oben zubereiteten Gemüsebrühe ablöschen und für 3–5 Minuten sanft köcheln lassen. Die Safranfäden kurz in Wermut einweichen und zur Brühe hinzugeben.
2. Die in mundgerechte Stücke zerteilten Fischfilets und die Garnelen für 4–6 Minuten in der Brühe gar ziehen lassen. Mit Salz und Pfeffer abschmecken und in tiefen Tellern oder einer großen Suppenterrine servieren.

Tipp: Hierzu reicht man im Backofen erwärmtes Knoblauchbrot.

Blumenkohl-Hirsesuppe mit Dill

Zutaten für 4 Personen:
4 EL gutes Olivenöl / 1 Blumenkohl / 150 g Hirse / Salz / Pfeffer / ½ Bund Dill

1. Das Öl in einem Topf erhitzen. Den gewaschenen und in kleine Stücke geschnittenen Blumenkohl dazugeben und unter ständigem Rühren leicht anbräunen lassen.
2. Die in einem Sieb gründlich gewaschene Hirse zum Blumenkohl dazugeben und ein paar Minuten bei hoher Hitze anrösten. Mit kochendem Wasser ablöschen (ca. 1 l) und mit Salz und Pfeffer würzen.
3. Die Suppe ca. eine halbe Stunde bei niederer Temperatur köcheln lassen, bis der Blumenkohl und die Hirse gar sind.
4. Mit einem Mixer die Suppe pürieren, bis sie schön cremig ist. Nochmals nachwürzen, in vorgewärmte Suppenteller geben und mit den Dillblättern garnieren. Heiß servieren.

Scharfe Linsensuppe

Zutaten für 4–6 Personen:
2–3 EL Olivenöl / 2 EL frischer Ingwer / 2 Knoblauchzehen / 1 mittelscharfe rote Chilischote / 1–2 Zwiebeln / 1 Paprika / 2 EL Tomatenmark / 1,2–1,4 l Wasser / 250 g rote Linsen / 1–2 Karotten / 1–2 mehlig kochende Kartoffeln / Salz / Pfeffer

1. Das Olivenöl in einen großen Topf geben und den klein geschnittenen Ingwer, die gewürfelten Knoblauchzehen und die entkernte und gewürfelte Chilischote darin anschwitzen. Die geschälten Zwiebeln und die Paprika grob zerteilen und ebenfalls im Olivenöl sanft angehen lassen. Das Tomatenmark kurz mitrösten und mit dem Wasser ablöschen.
2. Nun gibt man die roten Linsen dazu sowie die klein gewürfelten Karotten und die Kartoffelstücke und lässt die Suppe sanft für ca. 20–25 Minuten köcheln.
3. Die Linsensuppe wird mit dem Mixstab fein püriert und kräftig mit Salz und Pfeffer abgeschmeckt. Sollte die Suppe etwas zu dick sein, gibt man noch Wasser dazu.

Tipp: Man serviert die Suppe mit Fladenbrot und Joghurt.

Sauerkrautsuppe (Zelnacka)

Zutaten für 6–8 Personen:
40 g Butter / 1–2 Zwiebeln / 500 g Krakauer / 1,5 l Gemüse-brühe / 500 g Sauerkraut / 2–3 Lorbeerblätter / 8–12 Wacholderbeeren / 2–3 Kartoffeln / Salz / Pfeffer / 2–3 TL Paprikapulver (edelsüß) / 1 TL Kümmel / 200 g saure Sahne

1. Die Butter in einem großen Topf zerlassen und die fein gewürfelten Zwiebeln darin andünsten. Die Würste in Scheiben schneiden und kurz zusammen mit den Zwiebeln anbraten. (Natürlich kann man auch auf die Krakauerwürste verzichten, wenn man es lieber vegetarisch mag.)
2. Mit Gemüsebrühe aufgießen und das zerzupfte und klein geschnittene Kraut zusammen mit den Lorbeerblättern und den angedrückten Wacholderbeeren dazugeben.
3. Die Kartoffeln schälen, in kleine Würfel schneiden und ebenfalls zu der Suppe geben. Mit Salz, Pfeffer, Paprikapulver und dem angestoßenen Kümmel würzen. Die Sauerkrautsuppe zugedeckt bei schwacher Hitze 30–45 Minuten sanft vor sich hin köcheln lassen. Die Suppe mit einem Klacks saurer Sahne servieren.

Tipp: Diese Suppe ist ein leckerer Partysnack!

Französische Zwiebelsuppe

Zutaten für 4 Personen:
4 Zwiebeln (mittelgroß) / 60 g Butter / 1 EL Mehl / 2 EL Cognac / 1 l Gemüsebrühe / 1 Zweig Thymian / 1/8 l Weiß-wein / Salz / Pfeffer / 4 Scheiben Baguette- oder Toastbrot / 80 g Gruyère oder Emmentaler

1. Die Zwiebeln pellen und in dünne Ringe schneiden. In einem Topf 30 g der Butter auslassen und die Zwiebelringe darin leicht bräunen. Mit dem Mehl bestäuben und mit Cognac und Gemüsebrühe ablöschen. Einen Zweig Thymian dazugeben und die Suppe ca. 30 Minuten einköcheln lassen.
2. Den Weißwein zugießen, aufkochen lassen und mit Salz und Pfeffer abschmecken.
3. Mit der restlichen Butter das Weißbrot in einer Pfanne von beiden Seiten goldbraun rösten.
Die heiße Suppe in 4 feuerfeste Suppentassen füllen und mit dem gerösteten Brot bedecken. Den Käse reiben und auf das Brot verteilen. Im vorgeheizten Ofen bei 220 °C für 5 Minuten überbacken.

Daucus   sylvestris vulgaris, Ca-
        rotte Souvage, Vogelnest.
uc, vul- garis umbella rubente, Mohren-Kümmel.
uc, hor- tensis radice lutea, Panet, Gelbe Rüben.
uc, Gre- ticus, Daucus de Crete, Crётіſcher Daucus.
ucus acantacarpos, Acker-Kletten.
ucus montanus Apifolius, Mohren-Kümmel.

Hokkaidokürbis-Suppe

Zutaten für 6–8 Personen:
1–2 Zwiebeln / 1 Knoblauchzehe / frischer Ingwer
(2–3 Zentimeter) / ½–1 rote Peperoni / 60 g Butter /
1 Hokkaidokürbis (ca. 1–1,2 kg) / 2 Kartoffeln / 2 Karotten /
1,5–2 l Gemüsebrühe / Salz / Pfeffer / Kürbiskernöl /
ca. 200 g Kürbiskerne

1. Zwiebeln, Knoblauch und Ingwer schälen, in grobe
Stücke schneiden und zusammen mit der klein geschnittenen Peperoni in einem großen Topf in Butter
andünsten.
2. Währenddessen den Kürbis mit einem feuchten
Tuch abreiben und anschließend halbieren. Mit
einem Löffel die Kerne entfernen und den Hokkaido
mit der Schale in grobe Stücke zerteilen. Die Kartoffeln schälen, die Karotten putzen und ebenfalls grob
würfeln.
3. Den Kürbis, die Kartoffeln und die Karotten zusammen mit der Gemüsebrühe in den Topf geben
und 25–35 Minuten sanft köcheln lassen.
4. Mit dem Mixstab sehr fein pürieren und mit Salz
und Pfeffer abschmecken.
5. Die Suppe reicht man mit Kürbiskernöl und Kür-
biskernen, die jeder nach Belieben darüberstreut.

Karotten-Ingwer-Suppe

Zutaten für 4 Personen:
40 g Butter / 1 Zwiebel / 1 daumengroßes Stück Ingwer /
400 g Karotten / 1 TL Curry / 1 TL Zucker / 500 ml Gemüsebrühe / 300 ml Orangensaft / Salz / 1 Limone / Koriander-
blätter zum Dekorieren

1. Die Butter in einem Suppentopf schmelzen und
darin die klein geschnittene Zwiebel und den fein
gehackten Ingwer andünsten.
2. Hierzu gibt man die geputzten und klein geschnittenen Karotten, bestreut sie mit Curry und Zucker
und lässt alles kurz dünsten.
3. Mit Gemüsebrühe und Orangensaft aufgießen und
20–30 Minuten sanft köcheln lassen.
4. Mit Salz und ein paar Limonenspritzern abschmecken und mit Korianderblättern garnieren.

EINTÖPFE

Birnen, Bohnen und Speck

Zutaten für 4 Personen:
500 g Speck (durchwachsen) / 500 g frische Bohnen /
4 Birnen (Kochbirnen z.B. Griese Bern) / Salz / Pfeffer /
1 Bund Bohnenkraut / 1–2 EL Speisestärke

1. Den Speck mit etwa 1 l Wasser in einem großen Topf aufsetzen und 20–30 Minuten leicht köcheln lassen.
2. Währenddessen die Bohnen putzen, halbieren und in den »Speck-Sud« geben. Die Bohnen bei mittlerer Hitze 10 Minuten mitköcheln lassen. Dann werden die Birnen mit Schale und Stiel, aber ohne Blütenansatz zu den Bohnen und dem Speck gegeben. Mit Salz und Pfeffer würzen. »Beern, Bohn un Speck« noch 10 Minuten köchelnd garen lassen.
3. Die Zutaten auf einer Platte anrichten und fein geschnittenes Bohnenkraut darüberstreuen. Den Kochsud mit Speisestärke leicht andicken und einige Löffel darübergeben oder in einer Sauciere dazu reichen.

Tipp: Dieses typisch norddeutsche Gericht isst man mit Salz- oder Pellkartoffeln.

Braſsica capitata alba, Chou blond, Weißer Kopf-Kohl.

Borschtsch –
ein russisches
Nationalgericht

Leipziger Allerlei

Zutaten für 6–8 Personen:
1,5 kg Rindfleisch (z. B. Brust, Hochrippe oder Querrippe) /
Salz / 1 Bund Suppengrün / 2 kleine Kartoffeln / 1 kg Weißkohl / 600 g rote Bete / 1 Lorbeerblatt / 1 TL Kümmel /
6 EL Weißweinessig / 1 Becher saure Sahne (250 g) /
1 Becher Schmant (250 g) / ½ Bund Petersilie, fein gehackt /
½ Bund Dill, fein gehackt

Zutaten für 4 Personen:
500 g weißer Spargel / 250 g Karotten / 250 g Erbsen /
250 g Kohlrabi oder weiße Rübchen / Salz / 2 Prisen Zucker /
10 g Butter / 150 g Morcheln / 80 g Krebsbutter (Fertig-
produkt vom Fischhändler) / 1–2 Schalotten / 200 ml
Gemüsefond / 200 ml süße Sahne / 300 g Krebsschwänze /
weißer Pfeffer / Zitronensaft / Petersilie oder Kerbel

1. Das küchenfertige Fleisch in ca. 4 l gesalzenem
Wasser ungefähr 2 Stunden lang köcheln lassen. Ab
und zu den entstehenden Schaum mit einer Schöpf-
kelle abschöpfen.
2. Währenddessen das Suppengrün, die Kartoffeln,
den Weißkohl und die Hälfte der roten Bete putzen
und klein schneiden, den Weißkohl hobeln. Zusammen mit dem Lorbeerblatt und dem Kümmel das
ganze Gemüse nach einer Stunde zum köchelnden
Fleisch dazugeben. Die andere Hälfte der Roten Bete
fein reiben und den entstehenden Saft zum Eintopf
dazugeben. Erst eine Viertelstunde vor Ende der
Garzeit die fein geriebene rohe Rote Bete dazugeben.
3. Nun das Fleisch herausnehmen und in mundgerechte Stücke schneiden. Zurück in den Topf geben.
4. Den Borschtsch mit Essig und Salz abschmecken.
Die saure Sahne mit dem Schmant verrühren und die
Petersilie und den Dill unterheben.
5. Auf jede Portion einen Klacks Sahnekräuter-
mischung geben und mit frischen Dillspitzen dekorieren.

1. Spargel, Karotten, Erbsen und Kohlrabi waschen,
putzen und in mundgerechte Stücke schneiden. Die
frischen Gemüse werden getrennt voneinander bissfest gegart. Die Spargelstücke in gesalzenem Wasser
mit einer Prise Zucker für ca. 8–10 Minuten garen.
Die Karottenwürfel ebenfalls in ¼ l gesalzenem Wasser mit einer Prise Zucker 8–10 Minuten köcheln
lassen. Die Erbsen in wenig Wasser mit 10 g Butter
und die Kohlrabistifte in gesalzenem Wasser kurz
bissfest blanchieren.
2. Die Morcheln in warmem Wasser gründlich waschen, so dass sie frei von Sand sind. Eventuell größere Morcheln halbieren.
3. Die Krebsbutter in einem großen Topf erwärmen
und die fein gewürfelten Schalotten und die Morcheln darin andünsten. Mit Gemüsefond und Sahne
ablöschen und 6–8 Minuten sanft einköcheln lassen.
4. Nun gibt man Spargel, Karotten, Erbsen und Kohlrabi sowie die ausgelösten Krebsschwänze dazu,
würzt mit Salz, weißem Pfeffer und Zitronensaft und
erhitzt das Leipziger Allerlei unter vorsichtigem
Umrühren. Garniert wird das Gericht mit Petersilie
oder Kerbel.

Tipps: Um den typischen Borschtschgeschmack zu
erhalten, sollte man den Eintopf mindestens 5 Stunden, noch besser bis zum nächsten Tag ziehen lassen
und vor dem Verzehr nochmals kurz erhitzen.
Man kann den Borschtsch natürlich auch vegetarisch
genießen, indem man das Rindfleisch durch 1 kg
Kartoffeln ersetzt. Bei der vegetarischen Variante
verkürzt sich die Garzeit auf eine Stunde.
Dazu passt Wodka in Sprudelgläsern.

Tipp: Dazu reicht man Semmelknödel oder kleine in
Butter geschwenkte Kartoffeln.

HAUPTGERICHTE MIT FLEISCH

Chicorée mit Schinken

Zutaten für 4 Personen:
8 (große) Chicorée / 40 g Butter / 2 EL Mehl / ¼ l Gemüsebrühe / 200 ml Sahne / Salz / Pfeffer / Muskat / 8 Scheiben
gekochter Schinken / 100 g Emmentaler

1. Den Strunk der Chicorée keilförmig herausschneiden. Chicorée in kochendem Salzwasser für 5 Minuten blanchieren und gut abtropfen lassen.
2. Die Butter schmelzen, Mehl dazugeben, mit einem
Schneebesen verrühren und mit Gemüsebrühe ablöschen. Die Sahne dazugeben, mit Salz, Pfeffer und
Muskat würzen und für 5 Minuten sanft köcheln
lassen.
3. Währenddessen jeden Chicorée mit einer Scheibe
Schinken umwickeln und in eine Auflaufform legen.
Die Sauce dazugegeben und den Käse darüberstreuen.
Den Auflauf im auf 180 °C vorgeheizten Ofen für
20–25 Minuten backen.

Tipp: Zu diesem Gericht schmecken Reis oder Salzkartoffeln.

Grünkohl mit Pinkel

Zutaten für 4 Personen:
1,2–1,4 kg Grünkohl / 2–3 Zwiebeln / 40 g Schweineschmalz /
4 EL Hafergrütze / Salz / Pfeffer / 1–2 Msp. Piment /
1 TL Senf / 400 g frischer durchwachsener Speck /
500 g Kassler / 4 Pinkelwürste oder Kochmettwürste

1. Den Grünkohl gründlich waschen und in kochendem Salzwasser 1–2 Minuten blanchieren. Abgießen
und mit fließendem kalten Wasser abschrecken.
Nun den Grünkohl grob klein hacken.
2. Die Zwiebeln fein würfeln und in einem großen
Topf in Schweineschmalz langsam andünsten. Wenn
die Zwiebeln glasig sind, gibt man den Grünkohl
dazu und streut die Hafergrütze darüber. Sollte der
Grünkohl trocken sein, etwas Wasser dazugießen.
Mit Salz, Pfeffer, Piment und Senf sanft würzen.
3. Den durchwachsenen Speck und das Kassler auf
den Grünkohl legen und zugedeckt mindestens
2 Stunden bei kleiner Hitze garen. (Eventuell zwi-
schendurch etwas Wasser nachgießen.) Wenn sich
die Aromen von Kohl und Fleisch verbunden haben,
legt man die Würste ebenfalls dazu und lässt sie noch
10–15 Minuten im Grünkohl heiß werden. Noch einmal mit Salz und Pfeffer abschmecken.
4. Fleisch, Speck und Würste werden auf einer Platte
serviert und der Grünkohl in einer großen Schüssel.
Dazu reicht man Brat- oder Salzkartoffeln.

Tipp: Vor oder nach diesem mächtigen norddeutschen
Wintermahl empfiehlt sich ein großer Spaziergang –
je nachdem, um richtigen Hunger zu bekommen oder
zur Digestion.

Karibisches Paprika-Chili-Lammfleisch

Zutaten für 4–6 Personen:
1 rote Paprika / 3 große Zwiebeln / 3 EL Sonnenblumenöl /
6 Knoblauchzehen / 3 EL Mehl / 1 EL edelsüßes Paprikapulver / Salz / schwarzer Pfeffer / 1 EL Rosmarinblätter,
die Hälfte gehackt / 1,5 kg küchenfertiges Lammfleisch /
2 EL brauner Zucker / 300 ml Rum / 3 Lorbeerblätter /
½ TL Muskatnusspulver / 1 Limette / 2 Selleriestangen /
1 kg Tomaten / 1 scharfe Chilischote (Habanero ist die
schärfste Sorte) oder 2 scharfe Peperoni / 400 ml Gemüsebrühe (selbst gemacht oder aus dem Glas)

1. Die Paprika waschen, die inneren Kerne und Häute
entfernen und die Paprika in Viertel teilen. Die Zwiebeln in einzelne Blätter zerlegen. Das Öl in einer Pfanne
erhitzen, die Zwiebeln goldbraun anbraten, die Paprika genauso lange anbraten. Den zerdrückten Knoblauch noch 2 Minuten mitbraten, dann alles Gemüse
in einen glasierten Tontopf oder Römertopf geben.
2. Das Mehl mit dem Paprikapulver, etwas Salz und
Pfeffer sowie den gehackten Rosmarinblättern vermengen (den anderen Teil der Rosmarinblätter zum
Garnieren zur Seite stellen). Das Lammfleisch in
mundgerechte Würfel schneiden und in dem gewürzten Mehl wälzen. Dann portionsweise in der Pfanne
anbraten und ebenfalls in den Tontopf geben.
3. Den Zucker in der Pfanne karamellisieren lassen,
mit dem Rum ablöschen und etwas eindicken lassen.
Mit Lorbeerblättern, Muskatnuss und Limettensaft
abschmecken. Die Sauce in den Tontopf geben.
4. Nun die Selleriestangen, die Tomaten und die
Chilischote klein schneiden und auch in den Topf
geben. Die Chilischoten nicht zu klein schneiden und
am besten an den Rand legen, damit man sie, falls es
zu scharf sein sollte, leicht herausfischen kann. Mit
der Gemüsebrühe aufgießen.
5. Bei 200 °C im vorgeheizten Ofen eine halbe Stunde
braten lassen, dann bei 160 °C 1,5 Stunden weiter-
garen lassen. Aus dem Ofen nehmen und mit den
restlichen Rosmarinblättern garnieren.

Tipp: Dazu passt Basmatireis.

Ofenkartoffeln mit Gemüse und Hähnchen

Zutaten für 4 Personen:
800 g kleine Kartoffeln / 4 kleine Zwiebeln / 2 Zucchini /
250 g Cocktailtomaten / 8 Knoblauchzehen / ½ Bund
Thymian / ½ Bund Rosmarin / 4–6 Lorbeerblätter /
1 Hähnchen / ca. 6 EL Olivenöl / Salz / Pfeffer / 1 Zitrone
(unbehandelt)

1. Den Backofen auf ca. 200 °C vorheizen. Währenddessen die Kartoffeln und die Zwiebeln schälen und
halbieren. Die Zucchini halbieren und in grobe
Stücke schneiden.
2. Die Tomaten und die Knoblauchzehen ganz lassen
und zusammen mit den Kartoffeln, den Zwiebeln
und den Zucchini auf einem tiefen Backblech verteilen. Thymian und Rosmarin mit den Stielen in grobe
Stücke schneiden und zusammen mit den Lorbeerblättern über das Gemüse verteilen.
3. Das ganze Hähnchen in sechs Stücke zerteilen und
ebenfalls auf das Backblech legen. Großzügig Olivenöl darüberträufeln und alles kräftig salzen und pfeffern.
4. Im Ofen 40–50 Minuten braten und mit Zitronen-
schnitzen und Olivenöl servieren.

Tipp: Man kann das Gericht auch vegetarisch zubereiten, indem man das Hähnchen weglässt.

Gefüllte Paprika mit Hackfleisch

Zutaten für 4 Personen:
Füllung 600 g Rinderhackfleisch / 1–2 Eier / 1 Zwiebel / 1 Knoblauchzehe / ½ Bund Petersilie / ½ TL Paprikapulver (edelsüß) / 1 Prise Cayennepfeffer / Salz / Pfeffer / 4 (große) Paprika

Tomatensauce 2–3 Knoblauchzehen / 3 EL Olivenöl / 1 EL Tomatenmark / 2 Dosen passierte Tomaten / Salz / Pfeffer / 1 Prise Zucker

1. Das Hackfleisch mit dem Ei, der klein gewürfelten Zwiebel und einer zerdrückten Knoblauchzehe in eine Schüssel geben. Mit klein geschnittener Petersilie, Paprikapulver, Cayennepfeffer, Salz und Pfeffer herzhaft würzen.
2. Den »Deckel« der Paprika abschneiden, die Kerne und das weiße Fruchtfleisch entfernen. Die Hackfleischmasse in die Paprika einfüllen und diese mit dem Deckel verschließen.
3. Für die Tomatensauce die Knoblauchzehen schälen und im Ganzen in Olivenöl anbraten. Darauf achten, dass diese nicht braun und bitter werden. Das Tomatenmark kurz mitrösten, die passierten Tomaten angießen und mit Salz, Pfeffer und Zucker abschmecken. Aufkochen lassen.
4. Die gefüllten Paprika in die Tomatensauce setzen und im vorgeheizten Ofen bei 180 °C 40–50 Minuten garen.

Tipp: Diesen Klassiker isst man mit Reis oder Kartoffelpüree.

Chili con Carne

Zutaten für 4–6 Personen:
2 Zwiebeln / 3 Knoblauchzehen / 1 rote Paprika / 2 Karotten / 1 Knollensellerie / 1 kleine Dose geschälte Tomaten / 4 EL Öl / 500 g Rinderhackfleisch / Salz / Pfeffer / 1 EL Rosenpaprika / 1 TL Sambal Oelek / 1 Zweig Rosmarin / 1 große Dose Kidneybohnen (500 g) / ½ TL Chilipulver

1. Die Zwiebeln und den Knoblauch schälen, dann fein hacken. Danach die Paprikaschote, die Karotten, den Sellerie und die Tomaten in möglichst kleine Würfel schneiden.
2. In einem großen Topf das Öl erhitzen, die Zwiebeln und den Knoblauch darin glasig dünsten, dann das Rinderhackfleisch darin anbraten. Das ganze Hackfleisch sollte ungefähr in zehn Minuten unter Rühren krümelig braun angebraten werden. Dann die Paprika, die Karotten, den Sellerie und die Tomaten dazugeben.
3. Mit Salz, Pfeffer, Rosenpaprika und Sambal Oelek kräftig würzen. Die Rosmarinnadeln dazugeben, das Ganze aufkochen lassen und dann mit geschlossenem Deckel mindestens 1 Stunde, besser noch länger vor sich hin köcheln lassen.
4. Die Bohnen aus der Dose abtropfen lassen, unterrühren und nochmals eine Viertelstunde köcheln lassen.
5. Danach nochmals abschmecken, mit dem Chilipulver schön scharf würzen und heiß servieren. Dazu passt Bauernbrot oder Baguette.

Tipp: Chili con Carne lässt sich sehr leicht für viele Leute kochen; es ist ein ideales Partygericht!

Klassischer Zwiebelkuchen

Zutaten für eine Kuchenform:
Teig 250 g Mehl / 20 g Hefe / 100 ml lauwarme Milch /
1 Prise Zucker / 1 Ei / 60 g zimmerwarme Butter / 1 Prise Salz

1. Das Mehl in eine Schüssel geben und in der Mitte eine Mulde bilden. Die Hefe in der lauwarmen Milch auflösen und in die Mehlmulde geben. Eine Prise Zucker darüberstreuen, dadurch geht der Hefeteig besonders gut.
2. Das Ei, die Butter und das Salz in den Teig einarbeiten und die Teigschüssel mit einem Küchentuch etwa eine Stunde zugedeckt ruhen lassen, damit die Masse noch einmal gehen kann.
3. Den Teig auf einer gut bemehlten Arbeitsfläche auswellen und in die Kuchenform einpassen.

Zwiebelfüllung 1 kg Zwiebeln / 40 g Butter / 200 g Bauchspeck / 3 Eier / Salz / Pfeffer / 300 g saure Sahne / 2 EL Mehl / 1 TL Kümmel

1. Die Zwiebeln schälen, in dünne Scheiben schneiden und in der Butter leicht andünsten, bis sie eine goldgelbe Farbe haben. Die Zwiebelscheiben zur Seite stellen.
2. Den fein geschnittenen Speck in einer Pfanne auslassen.
3. Eier, Salz und Pfeffer mit der sauren Sahne vermengen, zu den erkalteten Zwiebeln und dem Speck geben und mit Mehl bestäuben. Alles gut miteinander mischen und mit Kümmel, Salz und Pfeffer abschmecken.
4. Die Zwiebel-Sahne-Eimasse gleichmäßig auf dem Teigboden verteilen. Den Kuchen in dem auf 200 °C vorgeheizten Ofen für 50–60 Minuten backen.

Tipp: Den Zwiebelkuchen sollte man ofenwarm genießen. Dazu passt ein Glas neuer Wein. Wenn es schnell gehen muss, kann man auch TK-Hefeteig verwenden.

VEGETARISCHE HAUPTGERICHTE

Gemüse-Serviettenknödel

Zutaten für 4 Personen:
4 Brötchen vom Vortag / 200 ml Milch / 40 g Butter /
1 Zwiebel / 1–2 Karotten / 100 g Champignons / 100 g
Brokkoli / 200 g Blattspinat / 2 Eier / 1 Bund Petersilie / Salz /
Pfeffer / 1 Msp. Muskatnuss / bei Bedarf 1–2 EL Speisestärke

1. Die Brötchen in Würfel schneiden, in eine große
Schüssel geben und mit der heißen Milch übergießen. Zugedeckt durchziehen lassen.
2. Die Butter zerlassen und die klein geschnittene
Zwiebel, die gewürfelten Karotten und die in Scheiben geschnittenen Champignons darin 3–5 Minuten
bissfest andünsten.
3. Die klein geschnittenen Brokkoliröschen und den
Blattspinat in kochendem Salzwasser 2–3 Minuten
blanchieren.
4. Die eingeweichten Brötchenwürfel mit dem Gemüse zu einem Teig vermischen, die Eier und die fein
gehackte Petersilie dazugeben und mit Salz, Pfeffer
und Muskatnuss abschmecken. (Wenn der Teig sehr
weich ist, 1–2 EL Speisestärke einarbeiten.) Den fertigen Teig mindestens 15 Minuten ruhen lassen, damit
sich alle Zutaten richtig verbinden können.
5. Eine große feuchte Serviette mit Klarsichtfolie
belegen und den Knödelteig mittig daraufgeben. Die
Masse locker einrollen, da sie sich beim Garen aus-
dehnt. Die Serviette an den Enden mit Küchengarn
abbinden und in siedendem Salzwasser 20–30 Minuten garen. Den Serviettenknödel kurz mit kaltem
Wasser abschrecken, vorsichtig auspacken und in
2 cm dicke Scheiben schneiden.

Tipp: Dazu passen eine Pilz- oder eine leichte Tomatensauce und grüner Salat.

Chinakohlblätter mit Senf-Bulgurfüllung

Zutaten für 4 Personen:
125 g Bulgur / 3 EL Sesamöl / 250 ml Gemüsebrühe / ½ Bund
Petersilie / 5 Stängel Borretsch / 100 g Mascarpone /
80 g Magerquark / 80 g Schafskäse / 1 grüne Paprikaschote /
Salz / Pfeffer / 1 großer Chinakohl / 10 TL Dijonsenf /
30 g Butter

1. Den gewaschenen Bulgur in dem heißen Öl anbraten, mit der Gemüsebrühe ablöschen und
ca. 5–7 Minuten köcheln lassen. Vom Herd nehmen
und zur Seite stellen. Ungefähr eine halbe Stunde
nachquellen lassen.
2. Petersilie und Borretschblätter waschen und klein
schneiden. Mit dem Mascarpone, dem Quark, dem
zerdrückten Schafskäse und der klein geschnittenen
Paprikaschote vermischen. Die cremige Füllung mit
Salz und Pfeffer abschmecken.
3. Nun 10 große Chinakohlblätter vorsichtig von dem
Chinakohlkopf ablösen. Die Blätter am Stück in kochendem Wasser in etwa 3–5 Minuten weich dämpfen,
dann abtropfen und auf einem Küchenhandtuch
abkühlen lassen.
4. Jedes Blatt mit einem Teelöffel Dijonsenf dünn
bestreichen. Nun die Füllung verteilen und die Blätter seitlich einschlagen, dann aufwickeln. Mit der
überschlagenen Seite nach unten in eine gefettete
Auflaufform legen. Jede Chinakohlrolle oben mit
etwas Butter bestreichen und bei 180 °C ca. 8–10 Minuten backen.

a. Spinachia , Epinars, Spinat.
b. Spinachia seu Atriplex fragifera, Erd Beer Spinat.
c. Spinachia frutescens Americana.

Kartoffeln in kalter Minzsauce

Zutaten für 4 Personen:

500 g festkochende Kartoffeln / 3 EL Ghee oder Butterschmalz / ½ Bund frische Minze / 1 Saft einer Zitrone / 2 TL Honig / 200 ml Wasser / 2–3 grüne Chilischoten / 100 g grob gemahlene Mandeln / Salz

1. Die Kartoffeln kochen, schälen und in 2 Zentimeter große Würfel schneiden. Das Ghee vorsichtig unter die noch warmen Kartoffeln mischen.
2. Die Minzeblätter zusammen mit dem Zitronensaft, dem Honig und dem Wasser fein pürieren. Die Chilischoten längs halbieren, die Kerne entfernen und das Fruchtfleisch sehr fein würfeln. Die Chili zusammen mit den grob gemahlenen Mandeln zu der Marinade geben und mit Salz abschmecken.
3. Die Marinade mit der Kartoffel-Ghee-Mischung vermischen und lauwarm oder kalt servieren.

Bayerische Reiberdatschi mit Apfelkompott

Zutaten für 4 Personen:

1,5 kg Kartoffeln (festkochend) / 1 Zwiebel / 3 Eier / 3 EL Mehl / Salz / Pfeffer / 150 g Butterschmalz / Puderzucker / 1 Prise Zimt

1. Die Kartoffeln schälen und auf einer Reibe mittelfein reiben. Die geriebenen Kartoffeln kurz stehen lassen und das entstehende Kartoffelwasser wegschütten. Eventuell die geriebenen Kartoffelstücke in einem sauberen Küchenhandtuch trockendrücken. Die Zwiebel schälen und sehr fein reiben (am schnellsten geht es in einer Küchenmaschine). Beides miteinander vermischen.
2. Sofort mit den Eiern und dem Mehl verrühren und mit Salz und Pfeffer abschmecken.
3. Reichlich Butterschmalz in einer Pfanne erhitzen. Mit einer Kelle drei Portionen Kartoffelteig in die Pfanne setzen. Die Datschis sollen im Fett schwimmen. Etwas flach drücken und so lange anbraten, bis der Rand knusprig goldbraun wird. Dann vorsichtig umdrehen und von der anderen Seite auch goldbraun braten. Heiß aus der Pfanne servieren.
4. Eventuell mit etwas Puderzucker und einer Prise Zimt bestäuben.

Tipp: Dazu passt traditionell Apfelmus oder selbst gemachtes Apfelkompott. Man kann aber auch einen grünen Salat dazu reichen.

Spinatstrudel

Zutaten für 4–6 Personen:
1 Packung Blätter- oder Strudelteig aus dem Kühlregal /
1 kg frischer Spinat / Salz / 1 Zwiebel / 1 Knoblauchzehe /
2 EL Olivenöl / 200 g Schafskäse / 1 Eigelb / 2 EL Wasser

1. Den Teig auf einer bemehlten Fläche zu einem
Rechteck (ca. 30 x 50 Zentimeter) auslegen bzw. aus-
rollen.
2. Den Spinat putzen, waschen und in kochendem
Salzwasser kurz blanchieren, abtropfen lassen und
gut ausdrücken. Die Zwiebel und die Knoblauchzehe
fein würfeln und in einer Pfanne mit Olivenöl kurz
anbraten, jedoch so, dass die Zwiebel und der Knoblauch keine Farbe annehmen.
3. Den Spinat, die Zwiebel, den Knoblauch und den
zerkrümelten Schafskäse so auf dem Strudelteig
verteilen, dass an den Kanten 3 Zentimeter Teig nicht
belegt sind. Den Teig von der Längsseite aufrollen
und dabei die seitlichen Kanten einschlagen.
4. Den Strudel vorsichtig auf ein mit Backpapier
belegtes Blech legen. Ein Eigelb mit 2 EL Wasser und
Salz verquirlen und den Strudel damit bestreichen.
5. Der Spinatstrudel wird im auf 200 °C vorgeheizten
Ofen für 40–50 Minuten gebacken und warm serviert.

Tipp: Hierzu schmecken bunte Salate.

Mangoldrollen mit Schafkäse

Zutaten für 4 Personen:
400 g Mangold (es sollten ca. 12 große Blätter sein) / Salz /
2 Knoblauchzehen / 300 g Schafskäse / 4 Eigelb / 200 g
Crème fraîche / Pfeffer / 2 EL Olivenöl / 125 ml Weißwein /
125 ml Gemüsebrühe

1. Die Mangoldblätter waschen, gut abtrocknen und
eventuell herausstehende Rippen mit einem scharfen
Messer flach schneiden. Die ganzen Mangoldblätter
ca. 10 Minuten in kochendem Salzwasser blanchieren. Die Blätter vorsichtig herausnehmen, abtupfen
und auf einem Küchentuch auskühlen lassen.
2. Die geschälten Knoblauchzehen und den Schafskäse mit einer Gabel zerdrücken. Beides mit den
Eigelben, der Crème fraîche und etwas Pfeffer zu
einer Creme verrühren. Mit Salz und Pfeffer abschmecken.
3. Jeweils 2 Mangoldblätter übereinanderlegen, die
Käsecreme einfüllen und die Enden einschlagen.
Falls die Rolle nicht gut hält, diese mit Küchengarn
fixieren.
4. Die Rollen in eine mit Öl ausgepinselte Pfanne legen,
den Weißwein mit der Gemüsebrühe und dem restlichen Öl vermengen und über die Mangoldrollen
gießen.
5. Zugedeckt bei schwacher Hitze 10 Minuten köcheln
lassen.
6. Die Mangoldrollen vorsichtig aus der Pfanne nehmen und die Sauce noch etwas einköcheln lassen,
dann über die Mangoldrollen gießen.

Tipp: Dazu passt Kartoffelpüree.

Schwarzwurzeln mit Zitronenbuttersauce

Zutaten als Gemüsebeilage für 4 Personen:
500 g Schwarzwurzeln / Saft von 2 Zitronen / 5 EL Butter / Salz / weißer Pfeffer aus der Mühle

1. Die Schwarzwurzeln unter fließendem Wasser putzen, schälen, in mundgerechte Stücke schneiden und sofort in Zitronenwasser (ca. 1 l Wasser mit dem Saft einer Zitrone) legen. Dies verhindert, dass sich die Schwarzwurzeln dunkel verfärben.
2. Das Zitronenwasser mit den Schwarzwurzeln erhitzen und die Schwarzwurzeln sanft köcheln lassen, bis sie weich, aber noch bissfest sind (das dauert ca. 20–30 Minuten).
3. Währenddessen die Butter in einem Topf erhitzen, mit etwas Salz würzen und den Saft der zweiten Zitrone nach und nach dazugießen. Mit dem weißen Pfeffer abschmecken.
4. Die Zitronenbuttersauce über die fertig gekochten Schwarzwurzeln gießen.

Tipp: Dazu passen Kartoffelbrei oder Reis.

Schwarzwurzeln in Petersiliensahne

Zutaten für 4 Personen:
500 g Schwarzwurzeln / Saft einer Zitrone / 150 ml Sahne / Salz / 1 Prise gekörnte Gemüsebrühe / ½ Bund Petersilie

1. Die Schwarzwurzeln wie links beschrieben in Zitronenwasser weich garen.
2. Die Sahne in einem Topf erhitzen und mit Salz und Gemüsebrühe würzen. Ca. 10 Minuten einköcheln lassen.
3. Die Petersilie waschen und klein hacken. Einen Teil in die Sahnesauce geben und mitköcheln lassen.
4. Die fertige Sahnesauce über die bissfesten Schwarzwurzeln geben und alles gut vermengen. Zum Schluss die restlichen Petersilienblätter darüberstreuen.

Fenchelschmortopf

Zutaten für 4–6 Personen:
1 kg Fenchel (je nach Größe 4–6 Knollen) / 2 kleine Zwiebeln / 300 g Karotten / 80 g Butter / 300 g Champignons / 500 ml Gemüsebrühe / Salz / Pfeffer / 1 Thymianzweig / 1–2 Lorbeerblätter / 4 Eier / Saft einer halben Zitrone / 1 Bund Petersilie

1. Den Fenchel sorgfältig waschen und halbieren. Die Zwiebeln würfeln und die Karotten in 2 Zentimeter lange Stücke schneiden.
2. In einem großen Topf die Butter zerlassen und zuerst den Fenchel, dann die Zwiebeln und die Karotten anbraten. Zuletzt die ganzen Champignons hinzugeben, kurz braten und alles mit 500 ml Gemüsebrühe ablöschen. Salzen, pfeffern und einen Thymianzweig sowie Lorbeerblätter dazugeben. Den Topf mit einem Deckel verschließen und für 20–25 Minuten bei sanfter Hitze garen lassen.
3. Eier und Zitronensaft verquirlen und als Bindeflüssigkeit an das Gemüse gießen. Auf kleinster Hitze so lange rühren, bis die Gemüsebrühe legiert, dann sofort vom Herd nehmen und mit Petersilie bestreuen.

Tipp: Zu diesem Schmorgericht serviert man italienisches Weißbrot oder Salzkartoffeln.

Sellerieschnitzel

Zutaten für 4 Personen:
1 Sellerieknolle / Salz / Zitronensaft / Mehl zum Panieren / 2 Eier / Pfeffer / Semmelbrösel zum Panieren / 80 g geklärte Butter oder neutrales Pflanzenöl

1. Den Sellerie putzen und in 0,5–1 cm dünne Scheiben schneiden. (Mit der Brotschneidemaschine gelingen gleichmäßige Scheiben besonders leicht.) 3–4 l Wasser zum Kochen bringen, kräftig salzen und ein paar Tropfen Zitronensaft dazugeben. Die Selleriescheiben 4–6 Minuten darin gar ziehen lassen, dann herausnehmen und mit kaltem Wasser abschrecken.
2. Die ausgekühlten Sellerieschnitzel mit einem Küchenpapier abtrocknen und in Mehl wenden. Die Eier mit einer Gabel verquirlen, salzen und pfeffern. Die gekochten Selleriescheiben durch das Ei ziehen und in den Semmelbröseln wenden. Die Panade leicht andrücken und überschüssige Brösel abklopfen.
3. In einer großen Pfanne die Butter schmelzen und die Sellerieschnitzel goldgelb ausbacken.

Tipp: Hierzu isst man Kartoffel- und Gurkensalat.

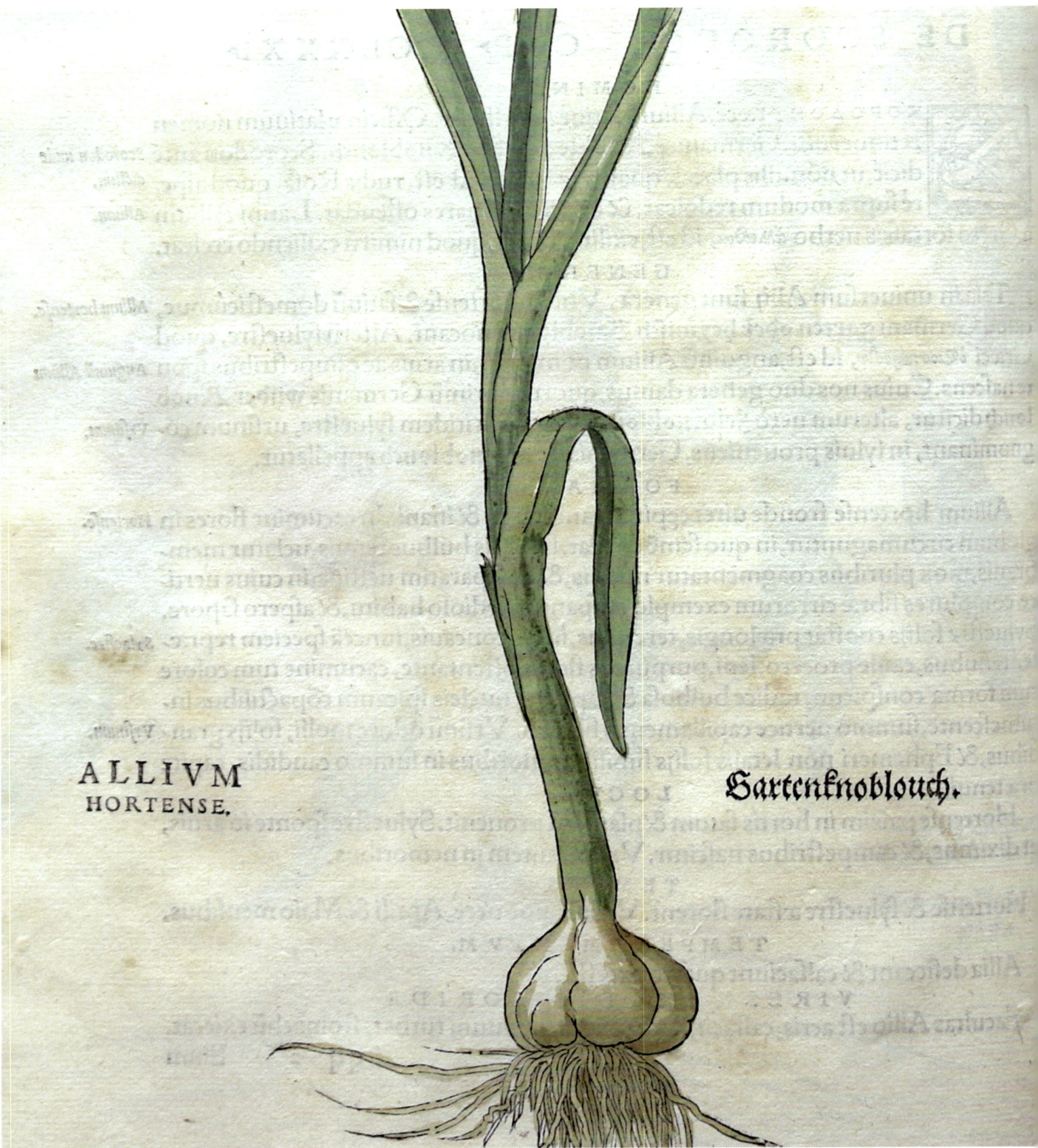

ALLIVM
HORTENSE.

Gartenknoblouch.

Pappardelle mit Zucchinibändern

Zutaten für 4 Personen:
700 g Zucchini / 6 EL Olivenöl / 4 Knoblauchzehen / 4 EL frische Basilikumblätter / 1 Prise Chiliflocken / 2 Limetten / 5 EL süße Sahne / 4 EL geriebener Parmesan / Salz / Pfeffer / 500 g Pappardelle (oder andere breite Bandnudeln)

1. Die Zucchini waschen, Blütenansatz und Stielspitze abschneiden, dann mit einem Schälmesser dünne Bänder von den Zucchini schneiden.
2. Das Öl in der Pfanne erhitzen, die Knoblauchzehen zerdrückt dazugeben und sehr kurz andünsten.
3. Die Zucchinibänder bei mittlerer Hitze 5–10 Minuten mitdünsten, bis alle Bänder goldgelb sind.
4. Die Basilikumblätter bis auf eine Hand voll zerkleinern, mit einer Prise Chiliflocken, dem ausgepressten Limettensaft und der Sahne zu den Zucchinibändern dazugeben. Anschließend den geriebenen Parmesan einrühren und alles mit Salz und Pfeffer abschmecken. Auf niedrigster Temperatur leicht vor sich hin köcheln lassen.
5. In der Zwischenzeit die Nudeln nach Vorschrift kochen. Die Zucchini-Limettensauce sofort über die heißen Nudeln geben und mit den restlichen Basilikumblättern bestreuen.

Blumenkohl-Brokkoli-Walnuss-Soufflé

Zutaten für 4–5 Personen:
250 g Blumenkohl / 250 g Brokkoli / 60 g Butter / 2 EL Mehl / 250 ml Milch / 5 Eier, getrennt / 100 g Walnusskerne / 40 g frisch geriebener Parmesan / Salz / Pfeffer / 1 Msp. Muskat

1. Die Blumenkohl- und Brokkoliröschen in kochendem Salzwasser für 3–5 Minuten blanchieren. Mit kaltem Wasser abschrecken und zur Seite stellen.
2. Die Butter bei mittlerer Hitze in einem Topf schmelzen, das Mehl dazugeben und mit der Milch ablöschen. Die Mehlschwitze gut mit dem Schneebesen rühren, so dass keine Klümpchen entstehen, bis die Sauce abgebunden hat.
3. Die Sauce vom Herd nehmen und die Eigelbe nacheinander unterrühren. Dann die blanchierten Blumenkohl- und Brokkoliröschen dazugeben, ebenso die grob gehackten Walnusskerne und den Parmesankäse. Mit Salz, Pfeffer und einer Prise Muskat abschmecken.
4. Die Eiweiße steif schlagen und vorsichtig unter die Gemüsemischung heben.
5. Die Masse in eine große, gefettete Auflaufform füllen und im vorgeheizten Ofen bei 200 °C ca. 30–45 Minuten backen. Sofort servieren, da das Soufflé leicht wieder zusammenfällt.

Festliches Topinambursoufflé

Zutaten für 4 Personen:
750 g Topinambur / 250 g Kartoffeln (mehlig kochende) / 50 g Butter / 40 g Dinkelvollkornmehl / 250 ml Milch / 3 Eier / 100 g geriebener Emmentaler / Salz / Pfeffer / 1 Prise Muskatnuss / ½ Bund Dill

1. Die Topinambur und die Kartoffeln waschen und zuerst die Kartoffeln (30 Minuten), danach die Topinambur (20 Minuten) in der Schale im kochenden Wasser garen. Mit kaltem Wasser abschrecken, schälen und zur Seite stellen.
2. Die Souffléform (sollte möglichst hoch sein) mit etwas Butter ausfetten und auch zur Seite stellen.
3. Die restliche Butter in einem Topf erhitzen, das Mehl unter Rühren darin anschwitzen, die Milch dazugeben und einmal aufkochen lassen.
4. Die Eier trennen. Die Eiweiße steif schlagen und zur Seite stellen. Die Eigelbe zusammen mit dem geriebenen Käse in die Sauce einrühren. Mit Salz, Pfeffer und Muskatnuss abschmecken.
5. Die gegarten Topinambur und Kartoffeln grob raspeln und zu der Käsecreme geben. Den Eischnee vorsichtig unterheben. Die ganze Masse in die Souffléform einfüllen.
6. Das Soufflé im vorgeheizten Backofen bei 200 °C ungefähr eine halbe Stunde backen, dabei den Ofen nicht öffnen. Mit Dillspitzen bestreuen und heiß servieren.

Tipp: Dazu passt ein Glas gekühlter Champagner.

Gnocchi mit Tomatensauce

Zutaten für 4 Personen:
Gnocchi 1 kg Kartoffeln (vorwiegend festkochend) / 250 g Mehl / 1 Ei / 1 Eigelb / 50 g frisch geriebener Parmesan / Salz / 1 Prise Muskat

1. Die Kartoffeln waschen und ca. 25 Minuten in Wasser kochen. Anschließend pellen und noch heiß durch die Kartoffelpresse drücken.
2. Die Kartoffelmasse mit Mehl, Ei, Eigelb und Parmesan gut vermengen und mit Salz und Muskat abschmecken.
3. Den Gnocchiteig auf einer bemehlten Arbeitsfläche zu daumendicken Rollen formen. In 2–3 Zentimeter lange Stücke schneiden und mit einer Gabel leicht eindrücken, damit die Gnocchi die Sauce besser aufnehmen können.
4. Die Gnocchi in 4–5 l siedendem Salzwasser gar ziehen lassen, bis sie an die Oberfläche aufsteigen.

Frische Tomatensauce 500 g frische, reife Tomaten / 1 Knoblauchzehe / 1 Zwiebel / 1 Stängel Staudensellerie / 1 EL Tomatenmark / Salz / Pfeffer / 1 Prise Zucker / 125 ml Wasser / 40 g Butter oder 2 EL Olivenöl / Parmesan und Basilikum zum Bestreuen

1. Tomaten, Knoblauch, Zwiebel und Staudensellerie in grobe Stücke schneiden und mit Tomatenmark, Salz, Pfeffer, Zucker und 125 ml Wasser in einen Topf geben und für 25–30 Minuten weich köcheln lassen.
2. Die Tomatensauce durch ein Sieb streichen und je nach Geschmack mit Butter oder Olivenöl verfeinern.
3. Man reicht die Gnocchi mit Tomatensauce, geriebenem Parmesan und frischen Basilikumblättern.

Selleriestauden-Omelette

Zutaten für 4 Personen:
500 g Selleriestauden / 1 Zitrone / 4 Scheiben Toastbrot / 5 EL Milch / 4 EL geriebener Emmentaler / Salz / Pfeffer / 6 Eier / 4 EL Butter

1. Die Selleriestangen gut waschen, eventuell schälen (dabei gehen aber wertvolle Vitamine verloren) und in dünne Scheiben schneiden. Mit Zitronensaft beträufeln.
2. Die Toastbrotscheiben in kleine Würfel schneiden, mit der Milch begießen und die Masse ungefähr 5 Minuten durchziehen lassen. Dann mit dem geriebenen Käse vermengen, mit Salz und Pfeffer würzen.
3. Die Eier mit einem Schneebesen schaumig schlagen, mit der Brotmasse verrühren und nach und nach die Selleriescheiben dazugeben.
4. Die Butter in einer Pfanne erhitzen und aus dem Teig vier Omeletten bei mittelstarker Hitze backen. Wenn man die Omeletten besonders knusprig haben möchte, bäckt man sie von beiden Seiten.

Tipp: Dazu passt ein frischer Gartensalat.

Pasta mit Artischocken

Zutaten für 4 Personen:
4 Artischocken / 80 g Butter / 150 ml Gemüsebrühe / Pasta nach Wahl, z.B. Rigatoni, Penne oder Maccheroni / 2 EL geriebener Pecorino / 3 EL süße Sahne / 1 Bund Petersilie, gehackt / Pfeffer / 1 Spritzer Zitronensaft

1. Die Artischocken putzen. Die harten Außenblätter, die pelzigen Teile und die Stacheln entfernen. In dünne Scheiben schneiden und in 40 g Butter in einer Pfanne andünsten. Mit der Gemüsebrühe nach und nach ablöschen. Für 10 Minuten sanft köcheln lassen.
2. Die Pasta nach Herstellerangabe zubereiten.
3. Währenddessen stückchenweise die restliche Butter und den geriebenen Pecorino zugeben. Die Sahne und die gehackten Petersilienblätter unterrühren und die Sauce einköcheln lassen, bis sie nicht mehr dünnflüssig ist. Mit Salz und Pfeffer und einem Spritzer Zitronensaft abschmecken.

Spinatkuchen

Zutaten für eine Kuchenform
(Durchmesser 22–30 Zentimeter):
Teig 250 g Mehl / 125 g kalte Butter / ½ TL Salz / 1 Eigelb /
bei Bedarf 1–2 EL Weißwein oder kaltes Wasser

Füllung 1 kg frischer Spinat / 200 ml süße Sahne / 4 Eier /
1 Knoblauchzehe / 200 g Käse (Emmentaler, Appenzeller
etc.) / Muskat / Salz / Pfeffer

1. Das Mehl mit der gewürfelten Butter und dem Salz in einer Schüssel zügig verkneten. Das Eigelb hinzugeben. Die Masse auf eine gemehlte Arbeitsfläche geben und mit dem Handballen gut durchkneten. Ist der Teig noch etwas krümelig, ein bis zwei Esslöffel Flüssigkeit (Wein oder Wasser) dazugeben und den Teig zu einer geschmeidigen Masse verarbeiten. Den Teig zu einem Ziegel formen, in Klarsichtfolie einschlagen und für ca. eine Stunde im Kühlschrank durchziehen lassen.
2. Den Teig auf einer bemehlten Arbeitsfläche auswellen und damit eine gefettete Springform (Durchmesser 22–30 Zentimeter) auskleiden.
3. Den Spinat waschen und in kochendem Salzwasser kurz blanchieren. Den Spinat ausdrücken und grob hacken.
4. Die Sahne und die Eier kräftig verquirlen und mit dem Spinat vermengen. Die Masse mit einer fein gehackten Knoblauchzehe und dem geriebenen Käse vermengen. Mit Muskat, Salz und Pfeffer pikant abschmecken und in die Springform füllen. Im auf 180–200 °C vorgeheizten Ofen für 35–45 Minuten backen.

Tipp: Hierzu serviert man frischen Salat.

Tomaten-Schafskäse-Auflauf

Zutaten für 4-6 Personen:
500 g Penne / 2–3 Zwiebeln / 2 EL Olivenöl / 125 ml Weißwein /
125 ml Gemüsebrühe / 4 Tomaten / 100 g schwarze Oliven
(ohne Stein) / 200 g Schafskäse / Salz / Pfeffer / Oregano /
frisches Basilikum

1. Die Penne nach Packungsangabe kochen. Währenddessen die Zwiebeln schälen, in Ringe schneiden und langsam in einer Pfanne mit Olivenöl anschwitzen lassen. Mit Weißwein und Gemüsebrühe ablöschen und kurz aufkochen lassen.
2. Die Tomaten würfeln und zusammen mit der Zwiebelmischung zu den Penne geben. Ebenso die Oliven und den zerbröselten Schafskäse daruntermischen. Mit Salz, Pfeffer und Oregano würzen und in eine gefettete Auflaufform füllen.
3. Bei 180 °C für 20 Minuten im vorgeheizten Ofen backen. Der Auflauf wird mit frischem Basilikum dekoriert.

Tipp: Dazu schmecken frische grüne Blattsalate.

Weißweinrisotto mit Erbsen und grünem Spargel

Zutaten für 4 Personen:
1 kleine Zwiebel / 3 EL Öl / 2 Tassen Risottoreis /
750–1000 ml gute Gemüsebrühe / 250 g grüner Spargel /
Salz / Pfeffer / 2 Msp. süßes Paprikapulver / 125 ml Weißwein / 250 g Erbsen / 3 EL Crème fraîche / ½ Bund Petersilie / Parmesankäse / 50 g Butter

1. Die Zwiebel schälen, würfeln und in dem heißen Öl glasig dünsten. Dann den Risottoreis dazugeben und auch diesen kurz mitanbraten. Nach ca. 3 Minuten mit 250 ml der Gemüsebrühe ablöschen. Weitere 5 Minuten auf niedriger Stufe köcheln lassen.
2. Währenddessen den Spargel schälen und in mundgerechte Stücke schneiden, anschließend zu dem Reis geben. Mit Salz, Pfeffer und süßem Paprikapulver abschmecken.
3. Den Weißwein dazugeben und unter ständigem Rühren weiterköcheln lassen. Nach und nach die restliche Gemüsebrühe zugießen. 5 Minuten vor Ende der Garzeit die Erbsen und die Crème fraîche unterrühren. Mit den gewiegten Petersilienblättern bestreuen. Die Pfanne zudecken und das Risotto noch eine Viertelstunde gut durchziehen lassen. Heiß servieren.
4. Nach Belieben den Geschmack mit Parmesankäse und Butterflöckchen abrunden.

Tipp: Dazu passt Kopfsalat und ein kaltes Glas Weißwein.

PISVM
Groß Erbß.

gg 2

BEILAGEN

Spargel in Alufolie

Zutaten für 4 Personen:
2 kg Spargel / Salz / Zucker / 80 g Butter

1. Spargel schälen und in vier Portionen aufteilen. Die Spargelportionen auf vier große Blätter Alufolie verteilen, salzen, mit einer Prise Zucker würzen und jeweils 20 g Butter hinzugeben. Dabei darauf achten, dass die blanke, hitzeabweisende Seite der Alufolie innen liegt, sonst verlängert sich der Garungsprozess.
2. Die Spargelpäckchen gut verschließen und im auf 180 °C vorgeheizten Ofen für 25–30 Minuten dünsten.

Tipp: Dies ist eine schonende, vitaminerhaltende Zubereitung, bei der auch keine Töpfe gespült werden müssen. Dazu reicht man neue Kartoffeln.

Karottenmus

Zutaten für 4 Personen:
1 kg Karotten / 2 mittelgroße Kartoffeln / 500 ml Gemüsebrühe / 1 Zweig Thymian / 2 große Zwiebeln / 80 g Butter / Salz / Pfeffer / 2 EL Apfelessig / 4 Paar Würstchen (z.B. Saiten)

1. Die Karotten waschen, putzen und in grobe Stücke schneiden. Die Kartoffeln schälen und ebenfalls grob würfeln. Karotten und Kartoffeln in einem großen Topf mit Gemüsebrühe aufsetzen, einen Zweig Thymian dazugeben und für 20–25 Minuten bei mittlerer Hitze weich kochen.
2. Währenddessen die Zwiebeln schälen, in dünne Ringe schneiden und in einer Pfanne mit der Butter goldbraun anrösten.
3. Den Thymian herausnehmen und die Karotten und Kartoffeln mit dem Mixer pürieren. Salzen, pfeffern und mit Apfelessig sauer abschmecken. (Falls das Karottenmus zu fest ist, noch etwas Gemüsebrühe angießen.)
4. Das Mus in einer großen Schüssel anrichten und die gerösteten Butterzwiebeln darübergeben. Die Würstchen in heißem Wasser erwärmen und auf einer Platte dazulegen.

Tipp: Dazu isst man Spätzle – am besten selbst gemacht oder aus dem Kühlregal.

Spinatklöße mit brauner Butter

Zutaten für 4 Personen:
4 Brötchen vom Vortag / 200 ml Milch / 1 kg Blattspinat /
220 g Butter / 1–2 Zwiebeln / 1 Knoblauchzehe / 1–2 EL
Speisestärke / 1 Ei / Salz / Pfeffer / 1 Msp. Muskatnuss

1. Die Brötchen in Würfel schneiden und in einer Schüssel mit der heißen Milch übergießen. Zugedeckt durchziehen lassen.

2. Währenddessen den Spinat putzen, waschen und in kochendem Salzwasser blanchieren. In Eiswasser abschrecken, damit er sein leuchtendes Grün behält, gut ausdrücken und klein hacken.

3. In ca. 20 g Butter werden die klein gewürfelten Zwiebeln und die Knoblauchzehe angedünstet. Anschließend gibt man Zwiebel- und Knoblauchwürfel zusammen mit dem Spinat, der Speisestärke und einem Ei zur Brötchenmasse und würzt kräftig mit Salz, Pfeffer und Muskatnuss. Dann vermischt man alles zu einer glatten Masse. Der Teig sollte für etwa 15–30 Minuten durchziehen.

4. Nun formt man aus dem Teig mit feuchten Händen einen Probeknödel. Diesen gibt man in einen großen Topf mit siedendem Salzwasser und lässt ihn 10–12 Minuten ziehen. Zerfällt der Knödel, muss man noch zusätzlich Speisestärke zu dem Teig geben. Ist der Knödel zu fest, kann man noch ein Ei zur Knödelmasse geben. Dann gleichmäßig große Knödel aus dem restlichen Teig formen.

5. Wenn alle Knödel nach 10–12 Minuten fertig sind, gibt man sie auf eine große Platte und übergießt sie mit gebräunter Butter.

Lauchgemüse

Zutaten für 4 Personen:
1 kg Lauch / 250 ml Gemüsebrühe / 40 g Butter / 3 EL Mehl /
5 EL geriebener Emmentaler / 200 ml süße Sahne / Salz /
Pfeffer / 1 Msp. Muskatnuss

1. Den Lauch putzen, der Länge nach halbieren, gründlich waschen und gut abtropfen lassen. In fingerdicke Stücke schneiden und in der Gemüsebrühe für ca. 10 Minuten köcheln lassen, bis der Lauch weich ist.

2. Den Lauch in einem Sieb abtropfen lassen und den Sud in einer großen Tasse auffangen. Die Butter in einer Pfanne erhitzen und das Mehl hineinrühren. Das Mehl goldgelb anschwitzen lassen.

3. Nach und nach den Lauchsud dazurühren und alles zu einer glatten Sauce vermengen. 5 Minuten einkochen lassen. Den frisch geriebenen Käse und die süße Sahne in die Sauce geben. Mit Salz, Pfeffer und Muskatnuss abschmecken. Die Sauce über den Lauch geben und sofort servieren.

Tipp: Dazu passen Schinkenspätzle oder Pellkartoffeln.

a. Cepa alba et rubra,
Oignon, Zibollen
Cepa Ascalonica, des Eschalottes, Schaloffen.

c. Cepa longa, St. Jacobs-Zwibl.
d. Cepa sectilis junci-folia, seu porrum se-ctivum, Schniftlauch.

5.

Weiße Riesenbohnen mit Zwiebelringen

Zutaten für 4 Personen:
500 g weiße Bohnen, getrocknet / 2 Zwiebeln / 2 Nelken / 2 Lorbeerblätter / Salz / 125 ml Essig / 4 EL Olivenöl / Pfeffer / 1 Kästchen Kresse

1. Die getrockneten weißen Bohnen über Nacht in Wasser einweichen.
2. Das Einweichwasser abgießen und die Bohnen zusammen mit einer geschälten Zwiebel, die mit den Nelken und den Lorbeerblättern gespickt wurde, ca. 1 Stunde bei kleiner Hitze in Salzwasser köcheln lassen, bis sie weich sind (Achtung: Nicht verkochen lassen!).
3. Die Bohnen abgießen, in einem Sieb abtropfen lassen und heiß auf eine Platte geben. Die zweite Zwiebel in Ringe schneiden und auf den Bohnen verteilen. Den Essig und das Olivenöl miteinander verrühren und über die Bohnen und Zwiebeln gießen, salzen und pfeffern. Mit Kresse garnieren.

Pikantes Gurkengemüse

Zutaten für 4 Personen:
2 Salatgurken / 1 kleine Zwiebel oder 2 Schalotten / Salz / Pfeffer / ½ frische Peperoni / 125 ml Gemüsebrühe / 400 ml süße Sahne / ½ Bund Dill

1. Die Gurken schälen, halbieren und mit einem Löffel die Kerne herauskratzen. Die Gurken in mundgerechte Stücke schneiden und in Butter scharf anbraten. Die Hitze reduzieren und die fein geschnittene Zwiebel bzw. die Schalotten dazugeben. Salzen, pfeffern und je nach Geschmack mit frischer roter Peperoni würzen.
2. Mit der Gemüsebrühe ablöschen und die Sahne dazugeben. Für 5–10 Minuten einköcheln lassen. Noch einmal salzen und pfeffern sowie den klein geschnittenen Dill darüberstreuen.

Tipp: Dazu isst man am besten Reis.

DIPS UND SAUCEN

Tsatsiki

Zutaten für 6 Personen:
1 große Salatgurke / 5 Knoblauchzehen / 150 g griechischer Schafskäse / 1 Becher saure Sahne / 1 Becher Schmant / 500 g griechischer Joghurt / Salz / weißer Pfeffer / 2 EL Weißweinessig / 1 Bund Dill

1. Die Salatgurke schälen, halbieren und die Kerne mit einem Teelöffel entfernen. Dann die Gurke auf einer Reibe grob raspeln. Das Gurkenwasser in einem Sieb abtropfen lassen.
2. Währenddessen die Knoblauchzehen zerdrücken, den Schafskäse zerbröseln und beides mit der sauren Sahne, dem Schmant und dem Joghurt verrühren.
3. Das geraspelte Gurkenfleisch unterrühren, mit Salz und Pfeffer abschmecken.
4. Zum Schluss den Essig und den fein gehackten Dill unterziehen und mit einigen Dillspitzen dekorieren.

Tipp: Dazu passen Pellkartoffeln.

Marokkanische Auberginen-Sesampaste

Zutaten für 4 Personen:
3 kleine Auberginen / 4 EL Tahinpaste (Sesampaste) / 3 Knoblauchzehen / 2 EL Sesamöl / 3 EL Zitronensaft / Salz / weißer Pfeffer / ½ Bund Dill / ½ Bund Petersilie / schwarze Oliven ohne Kern / Petersilienblätter zu Garnitur

1. Den Backofen auf 250 °C vorheizen, währenddessen die Auberginen waschen und mit einem Messer rundherum ein paar Mal einstechen. Auf der mittleren Schiene ungefähr eine halbe Stunde backen, bis die Haut anfängt, schwarz zu werden und sich das Messer sehr leicht einstechen lässt.
2. Die Auberginen aus dem Ofen nehmen und das weiche Auberginenfleisch mit einem Löffel von der Haut abschaben. Mit der Tahinpaste, den zerdrückten Knoblauchzehen, dem Sesamöl und dem Zitronensaft vermengen. Wer eine besonders cremige Konsistenz möchte, sollte die Masse in einem Mixer pürieren.
3. Mit Salz und Pfeffer würzen, die Kräuter waschen, klein hacken und unterheben. Mit den entkernten schwarzen Oliven und einigen Petersilienblättern dekorieren.

Tipp: Dazu passen Fladenbrot und heißer Minztee.

Rote Bete-Meerrettichsahne

Meerrettichsauce

300 ml süße Sahne / 1 rote Bete, gekocht / 3–5 EL frischer Meerrettich, geraspelt, oder Meerrettich aus dem Glas / 1 Prise Zucker / Zitronensaft / weißer Pfeffer aus der Mühle / Salz

1. Die Sahne steif schlagen
2. Die gekochte und geschälte rote Bete fein raspeln und zusammen mit dem Meerrettich und der Sahne verrühren. Mit Zucker, Zitronensaft, Pfeffer und Salz abschmecken.

Zutaten für 4 Personen:
40 g Butter / 40 g Mehl / ¼ bis ½ Stange Meerrettich / 375 ml Fleischbrühe (alternativ Gemüsebrühe) / 125 ml Milch / 1 Prise Zucker / Salz / 5 EL süße Sahne

1. Die Butter mit dem Mehl hellgelb andünsten, dann die Hälfte des fein geriebenen Meerrettichs kurz mitdünsten. Mit der Brühe ablöschen, die Milch langsam dazugeben und mit Zucker und Salz abschmecken.
2. Die Sauce kurz aufkochen lassen und dann vom Herd nehmen. Wenn Meerrettich zu lange erhitzt wird, verliert er an Aroma. Den restlichen, frisch geriebenen rohen Meerrettich erst kurz vor dem Anrichten in die fertige Buttersauce rühren.
3. Je nachdem, welche Konsistenz man für die Meerrettichsauce wünscht, gibt man nun die Sahne entweder flüssig oder steif geschlagen dazu.

Tipp: Die beiden Meerrettichsaucen sehen nebeneinander durch die weiße und die dunkelrosarote Farbe sehr schön aus. Dazu passt geräuchertes Forellenfilet oder Lachs und gebuttertes Toastbrot.

Tomaten-Liebstöckel-Pesto

Zutaten für 1 Glas:
200 g geschälte Mandeln / 4–6 Knoblauchzehen /
50 g Liebstöckelblätter (Maggikraut) / 1 Glas getrocknete
Tomaten in Öl (ca. 250 g) / Salz / Pfeffer / Rapsöl

1. Die Mandeln mit einem Messer fein zerkleinern und in einer Pfanne anrösten, bis sie duften; sie dürfen jedoch nicht zu dunkel werden. Zur Seite stellen.
2. Den Knoblauch zerdrücken, die Liebstöckelblätter zerkleinern und die Tomaten sehr klein schneiden.
3. Alles zusammenmischen, mit Salz und Pfeffer nach Geschmack würzen und mit Rapsöl auffüllen, so dass die Oberfläche knapp bedeckt ist. Gut durchziehen lassen. Das Pesto hält im Kühlschrank bis zu vier Monate.

Tipp: Dieses Pesto schmeckt hervorragend zu Spaghettini oder auch als Brotaufstrich.

SÜSSES

Karottentorte

Zutaten für eine Torte (Durchmesser 24–26 Zentimeter):
Für den Teig 5 Eier / 200 g Puderzucker / 200 g Karotten /
200 g gemahlene Mandeln / 2 EL Kartoffelmehl oder Speisestärke / 1 EL Rum / ½ TL Zimt

1. Die Eier trennen. Die Eigelbe mit dem Puderzucker
schaumig rühren. Die fein geraspelten Karotten und
die geriebenen Mandeln zur Masse geben. Alles gut
vermengen.
2. Das Kartoffelmehl oder die Speisestärke dazusieben
und alles mit Rum und Zimt würzen.
3. Das Eiweiß steif schlagen und vorsichtig unter den
Teig heben. Die Teigmasse in eine runde Tortenform
füllen und glatt streichen. Bei 200 °C im vorgeheizten
Ofen für 50–60 Minuten backen.

Für die Glasur und Dekoration 100 g Puderzucker /
2–3 EL Rum oder Orangensaft / Saft einer halben Zitrone /
50 g Mandeln (oder kandierte Früchte oder kleine Karotten
aus Marzipan)

1. Den Puderzucker mit Rum oder Orangensaft und
dem Zitronensaft verrühren. Die noch warme Torte
mit der Glasur bestreichen.
2. Die Mandeln mit kochendem Wasser übergießen
und ein paar Minuten stehen lassen. Dann schälen,
halbieren und damit die Torte dekorieren. Natürlich
eignen sich auch kandierte Früchte oder kleine Karotten aus Marzipan.

Tipp: Für Kindergeburtstage verzichtet man auf Alko-
hol und ersetzt ihn durch Orangensaft.

Süße Kartoffel-Mohnnudeln

Zutaten für 4 Personen:
600 g Kartoffeln (mehlig kochend) / 150 g Mehl / 1 Ei /
1 Prise Salz / 1 Vanilleschote / 100 g Butter / 100 g Mohn /
50 g Zucker

1. Die Kartoffeln in der Schale weich kochen, schälen
und noch heiß durch die Kartoffelpresse drücken.
Aus dem Mehl und dem Ei sowie einer Prise Salz und
dem Mark der Vanilleschote einen glatten, geschmeidigen Teig kneten.
2. Auf einer bemehlten Arbeitsfläche den Teig in etwa
5 Zentimeter lange Rollen (wie zum Beispiel Schupf-
nudeln) formen.
3. Die Kartoffelnudeln in siedendem Salzwasser
ca. 8–10 Minuten ziehen lassen und dann mit der
Schaumkelle herausnehmen.
4. Die Butter in einer großen Pfanne erhitzen und
den Mohn und die Butter darin vermischen. Nun
werden die Nudeln alle vorsichtig in dem heißen
Butter-Mohn-Zucker-Gemisch erwärmt. Man serviert
diesen schmackhaften Nachtisch z.B. mit Vanille-
sauce oder Zwetschgenkompott.

Ingwer-Zucchini-Marmelade

Für ein Glas:
750 g kleine Zucchini / 20 g frische Ingwerwurzel /
1 unbehandelte Zitrone / 800 g Gelierzucker

1. Die Zucchini putzen und den Stiel- und Blüten-ansatz entfernen. Die Zucchini in kleine Würfel schneiden oder raffeln.
2. Die Ingwerwurzel schälen und klein schneiden.
3. Die Zitrone auspressen, den Saft zur Seite stellen, dann die Schale abreiben.
4. In einem Topf die fein geschnittene Zucchini mit dem Zitronensaft und dem Gelierzucker vermengen, den Ingwer und die abgeriebene Zitronenschale dazu-geben. Den Topf zudecken und die Masse mindestens 30 Minuten ziehen lassen.
5. Nun die Zitroneningwermischung zum Kochen bringen, 5 Minuten köcheln lassen und eventuell entstehenden Schaum mit einem Löffel entfernen. Die Marmelade entweder im Kühlschrank aufbewah-ren und innerhalb weniger Tage verzehren oder in ein heiß ausgespültes Marmeladenglas einfüllen und luftdicht verschließen. Im Glas hält die Marmelade ungefähr 3 Monate.

Schwedische Rhabarbergrütze

Zutaten als Nachspeise für 4–6 Personen:
500 g Rhabarber / 1 Stange Zimt / 200 ml Wasser /
200 g Puderzucker / 1 EL Speisestärke / 400 g Sahne /
2 Pk. Vanillezucker

1. Die Rhabarberstängel gut putzen, in mundgerechte Stücke schneiden und mit einer Stange Zimt in 200 ml Wasser weich dünsten. Den Puderzucker einrühren. Die Zimtstange herausfischen und die Speisestärke dazugeben, nochmals aufkochen lassen und drei Minuten sanft köcheln lassen.
2. Die Sahne mit dem Vanillezucker steif schlagen und zu der erkalteten Rhabarbergrütze servieren.

Kürbispudding mit Amaretto

Zutaten für 4 Personen:
1,5 kg Kürbis / 1 l Milch / 6 Mandelkekse (Amaretti) /
3–4 EL Amarettolikör / Salz / 5 EL Zucker / 1 Prise Zimt /
4 Eier / 1 EL Butter / 2 EL Semmelbrösel / 6 geschälte
Mandeln / Schokostreusel

1. Den Kürbis schälen und in kleine Stücke schneiden. Die Milch in einem Topf bei niedriger Temperatur erhitzen und die Kürbisstücke dazugeben.
10 Minuten sanft köcheln lassen, bis die ganze Milch vom Kürbisfleisch aufgenommen wurde. Achtung: Immer wieder rühren, damit der Kürbis nicht anbrennt.
2. Die Mandelkekse zerbröseln, mit dem Amaretto, einer Prise Salz und dem Zucker glatt rühren. Mit dem Zimt würzen. Zu dem Kürbisfleisch geben und alles mit einem Mixer cremig schlagen.
3. Die Eier trennen. Die Eigelbe nach und nach zu der Kürbismasse rühren.
4. Die Eiweiße zu festem Eischnee schlagen und vorsichtig unterheben.
5. Eine große Auflaufform mit der weichen Butter ausstreichen und die Semmelbrösel gleichmäßig auf dem Boden verteilen.
6. Nun die Kürbismasse einfüllen und im auf 200 °C vorgeheizten Backofen ungefähr 45 Minuten backen.
7. Den fertigen Pudding abkühlen lassen, dann stürzen. Mit den geschälten Mandeln und Schokostreuseln dekorieren.

Tipp: Dazu reicht man Amaretto in Likörgläsern.

Würziger Rote-Bete-Kuchen mit Rum

Zutaten für eine Springform (ca. 26 cm):
2 große rote Beten / 5 Eier / 100 g flüssiger Honig /
200 g gemahlene Haselnüsse / 1 Prise Zimtpulver / 1 Prise
Nelkenpulver / 1 Prise Anispulver / 100 g Weizenvollkorn-
mehl / 2 EL Rum / 2 TL weiche Butter zum Fetten der Form

1. Die Rote-Bete-Knollen sorgfältig schälen und fein reiben.
2. Die Eier trennen. Die Eiweiße zur Seite stellen und die Eigelbe zusammen mit dem Honig in eine Schüssel geben. Mit einem Schneebesen schaumig rühren. 2.
3. Nun der Reihe nach die Haselnüsse, das Zimt-, Nelken- und Anispulver dazugeben und das Mehl einrühren. Zum Schluss den Rum dazugeben.
4. Anschließend die Springform einfetten. Die Eiweiße steif schlagen und unter den Teig heben. Nun den Teig in die Springform einfüllen und im auf 180 °C vorgeheizten Ofen ca. 50 Minuten backen. Der Kuchen soll eine goldbraune Farbe haben.

Tipp: Den abgekühlten Kuchen kann man zwei Tage stehen lassen, dann ist er besonders schmackhaft und hat ein ganz besonderes Aroma. Man kann den Kuchen mit Schokoladenguss und Schlagsahne servieren.

GEMÜSESÄFTE UND SMOOTHIES –
Gesundheit aus dem Glas

WER GEMÜSESÄFTE UND SMOOTHIES TRINKT, versorgt seinen Körper mit allen lebensnotwendigen Vitalstoffen. Diese Getränke enthalten Vitamine, Mineralstoffe, Eiweiß, ungesättigte Fettsäuren sowie sekundäre Pflanzenstoffe. Sie eignen sich als Aperitif genauso wie als kleine Zwischenmahlzeit.

Die Anschaffung eines Obst- und Gemüseentsafters ermöglicht es, selbst gesunde Drinks herzustellen, mit denen man auf genussvolle Art und Weise den eigenen Organismus mit wertvollen und gesundheitsfördernden Stoffen versorgen kann. Aufgrund des geringen Wassergehaltes von Gemüse lassen sich die Säfte nur mit einem Entsafter herstellen. Entsafter arbeiten mit zwei unterschiedlichen Systemen: Zentrifuge bzw. Presse. Die Saftausbeute ist bei Entsaftern mit Presse meist etwas höher. Für die Herstellung von Smoothies genügt ein Mixer oder ein einfacher Pürierstab.

Generell sollte man darauf achten, dass man – wann immer es möglich ist – Gemüse aus eigenem oder biologischem Anbau verwendet. Da Gemüsesäfte fast ausschließlich aus rohem Gemüse gewonnen werden, ist ein biologisch angebautes Produkt immer zu bevorzugen. Diese Gemüse sind weniger mit Schadstoffen belastet und enthalten außerdem mehr Vitalstoffe sowie Phytochemikalien als vergleichbare Pflanzen aus industrieller Landwirtschaft.

Gemüsedrinks und Smoothies sollten immer frisch zubereitet werden, da die Inhaltsstoffe von Gemüse- und Obstsäften hitze-, licht- und sauerstoffempfindlich sind. Nicht immer sind alle Zutaten marktfrisch erhältlich. In diesen Fällen kann man auf Gemüsesäfte aus dem Drogeriemarkt oder dem Reformhaus zurückgreifen.

Exakte Angaben bezüglich der zu verwendenden Gemüsemengen können nicht gemacht werden, da die Flüssigkeit, die die verschiedenen Gemüse enthalten, je nach Sorte und Jahreszeit variieren.

Natürlich schmeckt jeder Gemüsesaft pur. Man denke nur an einen frisch gepressten Karottensaft mit etwas Honig und ein paar Spritzern Olivenöl. Doch erst durch die Kombination verschiedener Gemüse- und Obstsäfte entstehen außergewöhnliche Geschmackserlebnisse, die zudem durch die größere Anzahl verschiedener Inhaltsstoffe den Körper umfassender stärken. Hier sind der Fantasie keine Grenzen gesetzt, erlaubt ist was schmeckt! Lassen Sie sich anregen und experimentieren Sie!

Gurken-Pfefferminzcocktail

Zutaten für 2 Personen:
1 Salatgurke / 1 Stangensellerie / 7 Pfefferminzblätter / 7 Basilikumblätter / Salz / Pfeffer / gestoßenes Eis

Die Salatgurke schälen und klein schneiden. Den Stangensellerie klein schneiden und zusammen mit den restlichen Zutaten im Mixer pürieren. Mit Salz und Pfeffer abschmecken. In einem Cocktailbecher mit dem Eis mixen. Schmeckt köstlich an warmen Sommerabenden.

Gurken-Mix

Zutaten für zwei Personen:
200 ml Gurkensaft / 100 ml Kohlrabisaft / 50 ml Karottensaft / 50 ml Jogurt / 1 TLOlivenöl / gestoßenes Eis / Salz / Pfeffer

Alle Zutaten mit gestoßenem Eis mixen und mit Salz und Pfeffer abschmecken. Dieser Drink enthält besonders viele wichtige Omega-6-Fettsäuren.

Papaya-Spinat-Cocktail

Für 2 Gemüsefruchtdrinks:
400 g frische Spinatblätter / 1 kleine reife Papaya / 4 EL Orangensaft / 1 EL Honig / 1 TL frische Pfefferminzblätter oder Zitronenmelissenblätter / 2 Spalten Wassermelone

1. Den Spinat gründlich waschen und im Mixer fein pürieren. Vorsichtig in zwei hohe Gläser füllen.
2. Die Papaya halbieren, sorgfältig die Kerne entfernen und das rosa Fruchtfleisch zusammen mit dem Orangensaft und dem Honig ebenfalls pürieren. Auf das Spinatpüree schichten.
3. Zum Schluss mit den Minzblättern und den Wassermelonenspalten garnieren.

e

...urbita
...ntii faciè .
...rmata. g. Cucur-   *...bita rotundà verrucosa.*

Bloody Mary
mit Alkohol

Zutaten für 2 Personen:
3 Spritzer Worcestershiresauce / 2 cl Zitronensaft / 2 Msp. scharfes Paprikapulver / 2 Spritzer Tabascosauce / 15 cl Tomatensaft / 5 cl Wodka / gestoßenes Eis / Salz / schwarzer Pfeffer aus der Mühle / 1 Gurkenscheibe und 1 Selleriestange zur Garnitur

Alle Zutaten in einem Cocktailbecher mit dem gestoßenen Eis gut durchschütteln, nach Belieben abseihen, mit Salz und Pfeffer würzen. Mit einer Gurkenscheibe den Rand des Cocktailglases garnieren und eine Selleriestange in den Drink stellen.

Roter
Topinamburdrink

Zutaten für zwei Personen:
150 ml Rote-Bete-Saft / 50 ml Topinambursaft / 200 ml Apfelsaft

Alle Säfte miteinander vermischen – es entsteht ein Drink mit erdigem, frischem Geschmack.

Hokkaidokürbis-
Smoothie

Zutaten für 2 Personen:
200 g Hokkaidokürbis / 2 Karotten / 1 Birne / 1 säuerlicher Apfel / ½ Zitrone

1. Den Hokkaidokürbis mit Schale klein schneiden und in wenig Wasser weichdünsten (ca. 12 Minuten). Abkühlen lassen.
2. Währenddessen die Karotten, die Birne, den Apfel und die Zitrone entsaften. Den Saft zusammen mit dem Kürbisfleisch in einem Mixer pürieren. Eine das Immunsystem stimulierende Vitaminbombe.

Avocado-Apfel-Karotten-Smoothie

Zutaten für 2 Vitaminbombendrinks:
1 reife Avocado / 3 EL Gemüsebrühe / 1 reifer, säuerlicher Apfel (z. B. Elstar) / 3 EL Apfelsaft / 150 ml frisch gepresster Karottensaft

1. Die Avocado halbieren, den Kern entfernen und das Fruchtfleisch mit einem Löffel herausschälen. Das Avocadofleisch mit der Gemüsebrühe im Mixer fein pürieren. Auf zwei große Gläser verteilen.
2. Den Apfel schälen, das Kerngehäuse entfernen und den Apfel mit dem Apfelsaft pürieren. Vorsichtig auf das Avocadopüree geben.
3. Zum Schluss wird der frisch gepresste Karottensaft zuoberst in die Gläser gefüllt.

Tipp: Dieser geschichtete Drink sieht schön aus und ist gesund.

Karotten-Sellerie-Saft

Zutaten für zwei Personen:
200 ml Karottensaft / 100 ml Selleriesaft / 100 ml Tobinambursaft / 1 TL Olivenöl / Salz / Pfeffer

Alle Säfte und das Öl gut vermischen und mit Salz und Pfeffer abschmecken. Dieser Drink ist ein wahrer Energiespender.

Tomaten-Karotten-Fenchelsaft

Zutaten für zwei Personen:
100 ml Tomatensaft / 100 ml Fenchelsaft / 200 ml Karottensaft / 1 TL Olivenöl / Salz / Pfeffer / Worcestershiresauce

Die Säfte und das Öl gut vermischen und mit Salz, Pfeffer und ein paar Spritzern Worcestershiresauce abschmecken.
Dieser Saft ist besonders reich an Vitamin C, B und E und stärkt Nieren und Blase.

Anhang

REGISTER DER REZEPTE

LITERATURTIPPS

Achtner-Theiss, Elke/Sabine Kumm, Guter Heinrich trifft Sieglinde, Geschichten und Gerichte aus der Gemüseküche, Ostfildern 2010

Aichholzer, Doris, »Wildu machen ayn guet essen ...«. Drei mittelhochdeutsche Kochbücher. Erstedition, Übersetzung, Kommentar, Bern, Wien 1999

Arcimboldo. Ausstellungskatalog des Kunsthistorischen Museums Wien, Wien 2008

Becker-Saaler, Lisa, Alte Gemüse – neu entdeckt, Aarau 2002

Buishand, Tjerk, Knaurs großes Gemüsebuch. Gemüse und Kräuter aus dem eigenen Garten, Stuttgart, München 1979

Duve, Karen, Anständig essen, Berlin 2011

Grimm, Jakob und Wilhelm, Kinder- und Hausmärchen. Gesamtausgabe in 3 Bänden, Ditzingen 2001

Haßkerl, Heide, Schätze aus dem Bauerngarten, Darmstadt 2002

Kopisch, August, Gedichte, Berlin 1836

Nebeltau, Otto, Vom heiteren Kochen, München 1949

Österreichische Bäurinnen kochen mit Gemüse. Die besten Rezepte aus allen neun Bundesländern, Innsbruck 2008

Paczensky, Gert von/Dünnebier, Anna, Kulturgeschichte des Essens und Trinkens, München 1994

Storl, Wolf-Dieter/Paul Silas Pfyl, Bekannte und vergessene Gemüse. Geschichte, Rezepte, Heilkunde, München 2006

Walker, Barbara, Das geheime Wissen der Frauen, München 1995

DANK

Die Autoren danken Christa Fagner für Rezeptanregungen. Petra Nill und Hubert Fagner danken wir für die kulinarischen Zuwendungen während des Schreibens. Unser besonderer Dank gilt unserer Lektorin Janina Drostel, mit der die Zusammenarbeit wie immer ein Vergnügen war.

BILDNACHWEIS

Württembergische Landesbibliothek, Stuttgart: 11, 12, 72, 81 (Fuchs, Neuw Kreüterbuch, Basel 1543), 30, 35, 41, 48, 52, 63, 77, 85, 104 (Weinmann, Eigentliche Darstellung ... Augsburg 1735);
akg-images/Erich Lessing: 15.
Alle Fotos stammen von Chandima Soysa, Stuttgart.

Verlag und Autoren danken den Rechteinhabern für die freundliche Genehmigung zum Abdruck. Besonderer Dank gilt Herrn Dr. Eberhard Zwink, dem Leiter der Abteilung Alte und Wertvolle Drucke der Württembergischen Landesbibliothek in Stuttgart, für seine fachkundige Unterstützung.